丛书编委会

总　策　划：来新国　　王文成

编委会主任：郭齐勇　　周晓亮

编　　　委：来新国　　陈知涯　　张　彧　　尹格韬　　沈　众

　　　　　　　王文成　　孟淑贤　　周长志　　罗养毅　　秦　丹

　　　　　　　乌　琛

大家精要
典藏版丛书

简读 苏轼

梁归智　著

陕西师范大学出版总社　西安

图书代号　SK24N1904

图书在版编目（CIP）数据

简读苏轼 / 梁归智著 . — 西安：陕西师范大学
出版总社有限公司，2025.5
（大家精要：典藏版 / 郭齐勇，周晓亮主编）
ISBN 978-7-5695-4224-0

Ⅰ.①简… Ⅱ.①梁… Ⅲ.①苏轼（1036—1101）—
人物研究　Ⅳ.①K825.6

中国国家版本馆 CIP 数据核字（2024）第 027768 号

简读苏轼
JIAN DU SU SHI

梁归智　著

出 版 人	刘东风	
策划编辑	刘　定　陈柳冬雪	
责任编辑	张　姣	
责任校对	郑若萍	
封面设计	龚心宇　张潇伊	
出版发行	陕西师范大学出版总社	
	（西安市长安南路 199 号　邮编 710062）	
网　　址	http://www.snupg.com	
印　　刷	深圳市福圣印刷有限公司	
开　　本	889 mm×1194 mm　1/32	
印　　张	7.25	
插　　页	4	
字　　数	127 千	
版　　次	2025 年 5 月第 1 版	
印　　次	2025 年 5 月第 1 次印刷	
书　　号	ISBN 978-7-5695-4224-0	
定　　价	49.00 元	

读者购书、书店添货或发现印装质量问题，请与本公司营销部联系、调换。
电话：（029）85307864　85303629　　传真：（029）85303879

目录

第 1 章

中华文曲星

大星光相射，小星闹若沸：历史拐点

江山代有才人出，各个时代都有自己的文曲星，而苏轼就是中华历史拐点上的一颗文曲星。

苏轼是北宋人。北宋是中华历史的一个拐点。

北宋始于公元 960 年，终于 1127 年。960 年，掌握兵权的五代后周大将殿前都点检赵匡胤发动陈桥兵变，"黄袍加身"，篡夺了后周的天下，建立宋朝，史称北宋。赵匡胤就是宋太祖。当时，中华大地除了刚刚建立起来的宋朝外，还有后蜀、南汉、南唐、吴越、北汉等割据势力。故宋朝建国伊始，便开始了统一全国的战争。北宋于 964 年、965

年、970 年先后攻克占领荆湘、后蜀、南汉三地，又于 974 年灭掉势力较强的南唐。此后，吴越与福建漳、泉等地的地方势力纷纷"纳土"于宋王朝，纷乱的时局逐渐结束。

但北宋并未恢复到唐的版图。五代十国的后晋时期，已经把北方的燕云十六州割予契丹族所建立的辽国。为了收复燕云十六州，北宋与辽尔攻我伐，进行了长期的战争。自宋太宗赵光义起，北宋与辽数次交锋争战，均未能收复失地。1004 年，宋辽双方在澶州签下了停战和议，约定宋辽为兄弟之邦，北宋每年向辽交纳"岁币"，双方互不侵犯。此即所谓"澶渊之盟"。此外，北宋还要向西北的西夏国交纳"岁币"。

宋太祖赵匡胤建立宋朝之初，吸取五代十国短命王朝的教训，避免重蹈覆辙，殚精竭虑，制定了一系列政策方针。从自己篡夺皇位的经验，深深懂得了掌握兵权的重要性，便未雨绸缪，首先抓军权，一招"杯酒释兵权"，就消除了大将们的潜在威胁，从此军队完全由朝廷掌控。另外，宋沿袭唐制，在一定程度上削弱了各官的职权，使皇帝掌握的权力超过了此前各朝。防范武人而大兴文治，在科举方面，宋太祖打破常例，以殿试的方式对考生进行最终考核。如此一来，北宋王朝的官僚阶级队伍得到了壮大，一大批卓越的政治家纷纷涌现。

但利与弊相伴相生，后经真宗、仁宗、英宗至神宗之时，各种制度的弊病日渐突显，积累的社会矛盾日益尖锐，轻武则外族进攻之患日甚，重文则官僚队伍冗滥。神宗锐意进取，于 1069 年任用王安石为相，推行新法，试图改革。但历史有惯性，社会有惰性，保守势力强大，新法本身也有其偏颇片面之处，王安石两次推行新法，均以失败而告终。

以专制为特征的封建王朝，都会产生官吏腐败、政治黑暗诸多问题，到一定程度，民不聊生，则被迫纷纷起兵反抗。北宋前期的王小波、李顺起义，让统治者感到政权岌岌可危，重兵镇压方始平定。至北宋末年，方腊、宋江等人的起义又星火燎原。而同时，北方的强国辽已经被女真族建立起来的金所消灭，金灭辽后，矛头直指北宋。1125 年，即宋徽宗宣和七年，金借口宋朝破坏了宋金共同对抗辽的协议，大举出兵侵宋。金军兵分两路南侵，夹击进攻太原。

宋朝局面大乱，徽宗逃避责任，让位于太子赵桓，就是宋钦宗。金军长驱直入，到达黄河岸边，直迫宋都汴京（今河南开封），宋徽宗逃至金陵（今江苏南京）。北宋丞相李纲指挥军队击退金军，暂时制止了金国的南侵。但徽、钦二帝昏庸无能，被吓破了胆，一心想与金国媾和，先后答应向金国割地赔款，又罢免了李纲等，遂使金兵更加肆无忌惮。1127 年，金军又一次攻打开封，城破国灭，徽、钦二帝被俘北去。至此，北宋王朝宣告灭亡。

北宋的建立，标志着中国分裂局面的结束。自此之后，中国历史上长期分裂的局面便没有再发生过。前后历一百六十七年的北宋王朝最终被金灭亡，这同时也开启了少数民族统治中国的先河。

尽管疆域远逊此前的汉唐和其后的元明清，但从中国古典文化的发展历程看，唐宋之际是一个重要的分水岭，宋代达到了中国古代文化的顶点。

北宋年间，虽然时有战乱，但由于统一了全国的大部分地区，总体上还是相对安定，生产力和科学技术都有了明显的进步，中国四大发明之一的活版印刷术，就是其中杰出的代表。战争的需要也推动科学技术的发展，火药在宋朝被首次应用于军事。经由西亚各国向全世界传播了火药制造工艺，正是在宋朝。

宋人尊文，文学艺术、历史学、哲学等各领域，都名流纷纭，大家辈出。宋朝的科举制度使文人得到了可以自由发展的空间。宋诗与宋文都取得了很高的成就，而宋词更是独创全新的文体，成为"一代之文学"的经典瑰宝。在绘画、书法等艺术方面，也百花齐放异彩纷呈，如张择端的《清明上河图》长卷，通过描绘汴京的风物，使近六百个人物跃然纸上，成为中国绘画史上不朽的佳作。历史学巨著《资治通鉴》和哲学方面的理学等，也足以光耀千秋。

苏轼，字子瞻，生于宋仁宗景祐三年十二月十九日，公历是1037年1月8日；卒于宋徽宗建中靖国元年七月二十八日，即1101年8月24日。他历仁宗、英宗、神宗、哲宗、徽宗五朝。他的一生，正是北宋王朝从兴盛走向衰败，中经变法图强而失败，最终濒临灭亡的时期。

台湾学者傅乐成说："到宋，各派思想主流如佛、道、儒诸家，已渐趋融合，渐成一统之局，遂有民族本位文化的产生。"可以说，苏轼正是这个空前精神文明高度卓越的代表人物，是儒、道、佛各种文化思想集于一身，诗、词、文、书法、绘画等文学艺术集于一身，政治事功和文化人格集于一身的"民族本位文化"的代表，苏轼是历史拐点上的中华文曲星。

天工运神巧，渐欲作奇伟：地灵人杰

苏轼是四川眉山人。距离眉山一百公里的成都府更是自秦汉以来巴蜀的政治、商业和文化中心，巴蜀丰富物产的集散地，那里曾是许多割据政权的首都，人文荟萃。宋代以前有司马相如、王褒、扬雄、陈子昂、李顺等。李白和杜甫虽然不是蜀人，但曾在此地长期居住，留下许多伟大瑰丽的诗篇，那更是闻名遐迩。

江山之助，孕育才士，地灵人杰，确非虚言。苏轼这颗文化巨星，在宋代又从眉山冉冉升起。

苏轼曾自称"赵郡苏轼"。这赵郡苏氏在唐朝武则天时代出了一位宰相苏味道，后被贬为眉州刺史，他死后，"有子一人不能归，遂家焉"，成了眉山苏氏的始祖。眉山苏氏一脉，传续到了苏轼的曾祖父，名苏杲。苏杲生了九个儿子，但只养活了一个，就是苏序。一直到苏序为止，眉山苏氏一直默默无闻，并非可资夸耀的书香门第，但也基本丰衣足食，并能周济乡里，有乐善好施的美德。

苏序的妻子姓史，娘家也算眉山大户人家。苏序夫妇有三子两女。长子苏澹，虽曾参加科举考试，但未能出仕；次子苏涣，聪明好学，于天圣二年（1024）考中进士，年方二十四岁，这成了苏家光耀门楣的骄傲。

苏洵（字明允，晚号老泉）是苏序的第三子，小儿子一般都被娇生惯养，比较任性。苏洵在青少年时代喜欢游荡，对科举考试要求的学业有逆反心理。苏轼的《苏廷评行状》中有这样的话："轼之先人少时独不学，已壮，犹不知书，公未尝问。或以为言，公不答。久之，曰：'吾儿当忧其不学耶？'既而，果自愤发力学，卒显于世。"

当然所谓苏洵少时"不学"，并非完全不读书，而是指对科举考试的科目用功不够，有点凭兴趣自由发展。他那时游览了不少名山大川，后来在《忆山送人》诗中说："少年喜奇迹，落拓鞍马间。纵目视天下，爱此宇宙宽。山川看不厌，浩然遂忘还。岷峨最先见，晴光厌西川。"

苏洵娶了眉州大户程文应之女。程夫人对丈夫的游荡不学心存忧虑，但并没有直接劝谏，而表现出一种关怀而且耐心等待的态度。后来苏洵终于开始发愤学习，而程夫人则主动承担起了全家的生活。

苏洵曾两度科考未能成功，但终于名动京师，被朝廷征召，出任秘书省校书郎和霸州文安县主簿（实际是挂个主簿名衔到掌管礼乐的太常寺编纂礼书），而且成了著名古文作家，"唐宋八大家"之一员。《三字经》把苏洵当成"大器晚成"的一个典型："苏老泉，二十七，始发愤，读书籍。"

苏洵和程氏一共生了三子三女，其中长子和两个女儿早夭。幼女八娘比苏轼年长一岁，嫁给舅舅程浚之子程之才（字正辅）。苏辙（字子由）比苏轼小三岁，在父亲和母亲精心的抚养教育下，兄弟俩都成长为一代文豪。

苏轼从小受母亲影响和父亲教育的成长过程，有几个著名的故事。

程氏心地善良，严禁孩子们和使女等伤害鸟雀。久而久之，鸟雀都知道苏家安全，纷纷飞来觅食筑巢，苏家庭院里竹木扶疏，到处可以看见鸟窝，鸟蛋触手可及，甚至连珍稀鸟禽桐花凤也来栖息，苏家成了鸟儿们的安乐窝。

有一次，两个丫鬟发现家中地下有一个大瓮，猜想里面也许会藏着金银宝物。程氏却不让发掘开启，而命令用土掩埋，因为她认为人不应获取不义之财。母亲的这种品德对后代影响深远，后来苏轼在凤翔府签判任上，一日大雪，见居室旁边一株老柳树下地表不积雪，雪停后地面又有凸起，苏轼怀疑下面埋有丹药，想发掘查看，妻子王弗却说："如果婆母活着，她一定不让挖掘。"苏轼听了感到惭愧，当然也就抑制了自己的好奇心。

程氏不仅心地善良，清廉好义，而且喜欢读书，有志节，不单纯是一个慈母。有一次她教苏轼读《后汉书》，读到《范滂传》，感叹不已。年方十岁的苏轼对母亲说："我如果作范滂，母亲允许吗？"程氏回答说："你能做范滂，难道我不能做范母吗？"范滂是东汉名士，桓帝时与李膺、陈蕃等反对宦官而被迫害处死，只有三十三岁，被捕前与母亲告别，母亲说："你现在能够和李膺、杜密齐名，死应无恨。既得美名，还想荣华长寿，哪里能兼得呢！"程氏以范母自许，可见其不同凡响，后来苏轼和苏辙立身处事皆有大节，与母亲的影响是分不开的。

苏洵对两个儿子要求甚严。苏轼晚年所作《夜梦》回忆说："夜梦嬉游童子如，父师检责惊走书。计功当毕春秋余，今乃粗及桓、庄初。怛然悸寤心不舒，起坐有如挂钩鱼。"父亲限定时间读完《春秋左氏传》，自己贪玩，只读到桓公庄公那一节，还不到全书一半，因此心中不踏实，夜里惊醒，像鱼被钩所钓一样着急。在父亲的督责下，苏轼很快就读了大量古籍，经、史、子、集都有涉猎，而特别喜欢的则是《庄子》和汉朝贾谊、唐朝陆贽的文章。苏轼还把《汉书》抄了两遍，这种抄书的功夫，对积累知识，加强素养，特别是提高写作技巧，都是极其有用的，它能把对传统文化的感情和对语言文字的感觉，于潜移默化中浸淫到气质血液中。

从苏轼幼年读书的偏爱，已经可以看出儒家的勇于为国为民担责任事、道家的尊重个性逍遥自由，两方面都在潜移默化，已经奠定了苏轼后来"儒道互补"的文化人格雏形。

苏轼的写作天才很快表现出来。十岁左右所作《夏侯太初论》，联系魏国夏侯玄在与司马师的政治斗争中失败，临刑前从容自若的表现，写出了这样精彩的句子："人能碎千金之璧，不能无失声于破釜；能搏猛虎，不能无变色于蜂虿。"《夏侯太初论》原文已佚，但后来苏轼把这两句又写到了《黠鼠赋》和《颜乐亭诗》的序言中。

还有一次，苏洵读欧阳修的《谢宣召赴学士院仍谢赐对衣金带并马表》，这是欧阳修答谢皇帝宠幸的表文。苏洵大概对此心有所感，就命旁边的苏轼拟作一篇，苏轼很快写出呈给父亲，其中"匪伊垂之，带有余；非敢后也，马不进"一联让苏洵很高兴，预言说："此子他日当自用之。"对儿子未来的前途充满希望。后来苏轼的确多次写过类似的表文答谢宋神宗和高太后的赏赐。

除了父母之外，苏轼幼年时还师从过当时的一些名流，如道士张易简、名士刘微之。同时，苏洵喜爱艺术鉴赏，喜欢收藏，曾用自己身上穿的貂皮袄换回一座楠木假山，还珍藏着一架唐代的古琴——雷琴，琴棋书画，虽非样样皆精，却是桩桩都爱。这对苏轼也是一种无形的熏陶。后来苏轼多才多艺，在书法和绘画上都自成一家，可谓渊源有自。据说苏轼抄写经史，每抄一部换一种字体，书法因而大进。

蜀中的奇山秀水，父母的培养教育，家庭环境，时代氛围，时也，地也，运也，命也，诸缘凑泊，旷世的文学天才、学术巨擘、政治明星正在孕育陶铸。

入峡喜巉岩，出峡爱平旷：雪泥鸿爪

嘉祐六年（1061），苏轼离开京城赴凤翔签判任，第一次与一起长大的弟弟苏辙分手，不久苏辙写了《怀渑池寄子瞻兄》，首联是"相携话别郑原上，共道长途怕雪泥"，苏轼的和诗就是千古传诵的《和子由渑池怀旧》：

人生到处知何似？应似飞鸿踏雪泥。泥上偶然留指爪，鸿飞那复计东西。老僧已死成新塔，坏壁无由见旧题。往日崎岖还记否，路长人困蹇驴嘶。

这就是"雪泥鸿爪"成语的来历。苏轼的一生行迹，其"雪泥鸿爪"，经历代专家研究，已愈来愈具体细致。下面把苏轼生平遭遇的轮廓勾勒出来，首先从宏观上粗线条地鸟瞰这位旷世文豪的一世行履。

宋仁宗至和元年（1054），十九岁的苏轼娶十六岁的王弗为妻。

嘉祐元年（1056）三月，苏洵、苏轼和苏辙父子三人离开眉山老家，去首都汴京应科举考试，五月到达，八月参加开封府试，苏轼以第二名得中，苏辙也高中。苏洵则没有参加考试。

嘉祐二年正月，欧阳修主持礼部考试，苏轼、苏辙兄弟都高中及第，声名大振。四月七日，母亲程氏去世，三苏奔丧回家。

嘉祐四年八月，苏轼、苏辙兄弟服母丧期满，十月，父子三人再度离家赴京，王弗和史氏妯娌随行。这一年苏轼的长子苏迈出生。此次全家乘船从岷江入长江，途经嘉州、渝州，穿三峡，到江陵转陆路北上，第二年二月到达汴京。几个月的旅行生活，三苏游目骋怀，饮酒赋诗，三人的诗作，江陵以前的编为《南行集》，江陵到汴京的编为《南行后集》。

嘉祐五年五月，苏轼、苏辙兄弟分别被任命为河南府福昌（今河南宜阳西）县主簿和河南府渑池（今河南渑池）县主簿，但由于朝廷来年将举行制科考试，二人都辞职不赴，而寓居怀远驿攻读，准备考试。制科是有别于明经、进士等常举之外的特种考试，要经大臣举荐才能应试，先由六名考官举行阁试，及格者再由皇帝御试，考试严格，能及第者极少。北南两宋三百余年，制科共开二十二次，入等者仅四十一人。

嘉祐六年八月，苏轼、苏辙参加制科阁试，又经宋仁宗殿试，苏轼取为三等，苏辙取为四等，因一二等历来虚置，三等其实已经是最高等级，且仅苏轼一人。试毕，苏轼授大理评事、签书凤翔府（今陕西宝鸡市凤翔区）判官，苏辙授商州（今陕西商洛）军事推官，皆属正八品，比制科考试前任命的九品官县主簿高一品。而苏洵在七月未经考试已被授予霸州文安县主簿衔入太常寺编纂礼书。十二月，苏轼赴凤翔府签判任。

宋英宗治平二年（1065）正月，苏轼凤翔府签判任满还朝，二月授判登闻鼓院，后召试秘阁，入三等，得直史馆任。五月二十八日妻王弗去世，年仅二十七岁。

治平三年四月，苏洵在京去世，享年五十八岁。六月苏轼、苏辙兄弟扶柩回乡。

宋神宗熙宁元年（1068）七月，服父丧期满，十月苏轼续娶王闰之，是前妻王弗的堂妹。十二月返回京城。

熙宁二年二月还朝，苏轼任殿中丞直史馆判官告院。此时恰逢宋神宗与王安石开始变法改革。

熙宁四年，因与王安石政见不同，苏轼主动要求外任，四月得到通判杭州（今浙江杭州）任命，七月出京，十一月到达杭州。

熙宁七年，苏轼侍妾朝云入苏家。五月杭州任满，朝命苏轼改任密州（今山东诸城）知州，九月离开杭州前往密州。

熙宁九年九月，朝命苏轼以祠部员外郎直史馆改任河中府（今山西永济西南）知府，十二月离开密州。

熙宁十年，朝命改任徐州（今江苏徐州）知州，四月赴徐州任。

元丰二年（1079）三月，苏轼改任湖州（今浙江湖州）知州，四月到任。七月御史李定参奏苏轼毁谤新政，苏轼被逮捕入京，即乌台诗案，十二月结案，以黄州（今湖北黄冈）团练副使本州安置，不得签署公事。次年二月一日到达黄州。

元丰七年四月，朝命苏轼改移汝州（今河南汝州）团练副使，年底到泗州（今安徽泗县），上表要求常州（今江苏常州）居住，得到允许。

元丰八年（1085）五月，苏轼被任命为登州（今山东蓬莱）知州，上任才五天，朝命召回京师任礼部郎中。

宋哲宗元祐元年（1086），因神宗去世，高太后临朝执政，开始废除新法，起用旧党，苏轼在朝半月升起居舍人，三个月后升中书舍人，不久又升翰林学士，知制诰。

元祐四年（1089）三月，苏轼以龙图阁学士去杭州任知州，七月到达杭州。

元祐六年（1091）三月，被召入京，任翰林学士承旨，知制诰，兼侍读。八月又以龙图阁学士出任颍州（今安徽阜阳）知州。

元祐七年二月，苏轼改任扬州（今江苏扬州）知州，二月到扬州。八月召还京城，任兵部尚书兼差充南郊卤簿使，十一月任端明殿学士、翰林侍读学士、礼部尚书。

元祐八年（1093）八月，妻王闰之去世，九月苏轼以端明殿学士、翰林侍读学士、礼部尚书衔出任定州（今河北定州）知州。

绍圣元年（1094）四月，苏轼以讥刺先朝罪名贬任英州（今广东英德）知州，六月再责授宁远军（今广西容县）节度副使、惠州（今广东惠州）安置。十月到达惠州贬所。

绍圣三年（1096）七月，朝云在惠州去世。

绍圣四年四月，苏轼再贬琼州（今海南海口市琼山区）别驾，昌化军（今海南儋州）安置，六月渡海，七月到达贬所。

元符三年（1100）五月，大赦，苏轼移廉州（今广西合浦），六月渡海，七月到廉州贬所。九月改舒州（今安徽潜山）团练副使，永州（今湖南永州市零陵区）安置。行至英州，复朝奉郎，提举成都玉局观。

宋徽宗建中靖国元年（1101）正月，苏轼抵达虔州（今江西赣州），五月到真州（今江苏仪征），发作暴病，七月二十八日于常州病逝。

苏轼仕途升沉的轨迹，重要的转折点有以下几个：嘉祐六年开始正式走上仕途；元丰二年乌台诗案跌入深渊；元祐元年返朝攀上高峰；绍圣元年被贬，开始越来越偏远的放逐；元符三年大赦，逐步内迁。早期的浮沉不定长达十八年，第一个人生坡谷长达七年，顺风顺水的时期长达八年，第二个坡谷长达六年，晚年从遇赦到去世只有一年。

四十年的仕宦生涯中，失意的日子占了十三年，得失相较，还是正常和得意的日子多，只是晚年在失意落魄之中，最后的时来运转刚开头，没来得及施展，因而显得有些凄惨。但从总体上说，不论名声事业，只从荣辱升沉逸劳的世俗角度衡量，苏轼的人生基本上是成功的，虽比不上王维和白居易，但比李白和杜甫强多了。

大才固已殊，安得同永久：美学范型

苏轼一生，起伏跌宕，时而地方主政，时而被贬流放，一时成朝廷显贵，一时又沦落天涯。但无论通达或落魄，他的人格魅力始终闪耀着光辉。他在完成政治行政公务的同时，留下了大量的文章诗词，还有学术著作、书法绘画。后人从他的作品，他的行事，他的人格，都汲取着源源不断的丰富的文化和美学营养。在中国传统文化中，苏轼实际上成了一个文化符号，一种美学范型。

对后世来说，苏轼的文化意义和美学价值，主要是通过他流传下来的作品著述体现的。

在宋代，苏轼的各种文集已经刊行流布。有诗文合刊本，如《东坡集》《东坡后集》；有选集，如《经进东坡文集事略》；有某种体裁作品之结集，如书简；有某一时期作品之结集，如《应诏集》中之前五卷。

而苏轼的诗词，影响更大。在苏轼生前，他不断编辑自己不同阶段的作品集，如《南行集》《南行后集》《钱塘集》（杭州）、《超然集》（密州）、《黄楼集》（徐州）、《毗陵集》（常州）、《兰台集》（在汴京任翰林时）、《海外集》（流放广东、海南时）。最早刊刻苏轼诗的是他的朋友驸马王诜（宋神宗的妹夫），在《王诜刻诗集》里刻了苏轼的一部分诗作。约在元丰五年（1082），陈师仲刻印了苏轼的《超然集》和《黄楼集》。绍圣四年（1097）到绍圣七年，刘沔写信给苏轼，商讨印《苏轼全集》，苏轼赞美所编集子没有伪作搀入。

苏轼去世后，各种苏诗的评论注释本出现。宋徽宗时期，有赵次公等的"苏诗五注"。南宋高宗建炎四年（1130），又有了赵夔编纂的"苏诗八注"和"苏诗十注"。到孝宗乾道六年，王十朋编《苏诗百家诗注》，在附表中列了九十七家评注本，北宋占四十七，南宋占三十一，但这本诗注只选择各注解中可靠精当者，主要是苏轼朋友门人的注释。

明代，公安派三袁兄弟、竟陵派的钟惺以及汤显祖等，都提倡苏轼的诗，以反对前后七子"诗必盛唐"的主张。

明末的茅维，编辑《苏东坡全集》，把苏轼的文章单独辑集在一起，名《苏文忠公全集》，词编在一起，名《东坡词》。

此后明清至近现代，以《东坡先生全集》为名，还有各种专题选集等，多次刊行。如四部丛刊本《王状元集注东坡先生诗》，四部备要本《东坡七集》，查慎行《东坡编年诗注》，翁方纲《苏诗补注》，王文诰《苏轼诗集》等。今人孔凡礼编《苏轼文集》和《苏轼诗集》，以及薛瑞生《东坡诗编年笺证》，石淮声、唐玲玲《东坡乐府编年笺注》，邹同庆、王宗堂《苏轼词编年校注》，以及曾枣庄、舒大刚主编《三苏全书》。

总览保留下来的苏轼各种类型的作品，计有诗歌二千七百多首，词三百六十二阕，各种体裁的文章一百五十万字，另有学术著作《易传》和《书传》，流传于世的书法作品近三十件，少量绘画作品。

林语堂在《苏东坡传》中说，苏轼是个秉性难改的乐天派，是悲天悯人的道德家，是黎民百姓的好朋友，是散文作家，是新派的画家，是伟大的书法家，是酿酒的实验者，是工程师，是假道学的反对派，是瑜伽术的修炼者，是佛教徒，是士大夫，是皇帝的秘书，是饮酒成癖者，是心肠慈悲的法官，是政治上的坚持己见者，是月下的漫步者，是诗人，是生性诙谐爱开玩笑的人。苏轼，具有一个多才多艺的天才之深厚、广博、诙谐，有高度的智力，有天真烂漫的赤子之心，各种品质和才能荟萃于一人之身，其他诗人是难以望其项背的。苏轼是天地间的凤毛麟角。

林语堂的说法虽然有点文学的渲染，但虽不中，不远矣。苏轼确实是中华传统文化之美的一个活泼泼的象征和化身。

第 2 章

入世之功与善

远人罹水旱，王命释俘囚：凤翔府判官

中国传统文化的基本心理构架是"儒道禅互补"，李泽厚的这个理论概括术语能长久流行，说明它符合历史实际。其实早就有"儒冠道履白莲花，三教原来是一家"等传统说法，意思基本相同。

在汉武帝"罢黜百家，独尊儒术"之后，儒家思想整合了法家、兵家、道家、阴阳家、纵横家等诸子思想，以周公、孔子为旗帜，成了此后直到清末的社会主流意识形态。儒家思想的主导意识提倡积极入世，所谓"达则兼善天下"，做忠臣孝子，循吏良将，为维持国家和社会的正常运转兴旺

发达而贡献才智，尽职尽责。这种入世的人生态度自然有它的文化意义和美学价值。苏轼从小读书，学而优则仕，修身齐家治国平天下，是理所当然的人生理想。在后来进入官场的四十年中，他一直努力践履躬行这种儒家伦理。

苏轼踏上仕途的第一站是凤翔府签判任，仁宗嘉祐六年（1061）十二月抵达任所，英宗治平元年（1064）十二月任满，实际任期三年。此时的苏轼年方二十六七岁，青春年少，英气勃发，对工作满腔热情。判官是知府的副手，苏轼与自己的顶头上司凤翔知府宋选关系融洽，史料记载宋选"厚遇"苏轼，苏轼后来在写给宋选之子宋子房的信中说："某初仕即佐先公，蒙顾遇之厚，何时可忘。"

凤翔府是北宋的边防城市，与西夏国接壤，距离首都汴京五百八十多公里，仁宗时西夏年年袭扰，庆历四年两国议和，宋每年向西夏纳送巨量白银和绢帛，才换得暂时和平，但也因此加重了人民的赋税负担。苏轼极其富有同情心，对老百姓的境遇感同身受，儒家"仁义"之教是渗透到他血液之中的，上任伊始，就深入实际，调查研究，试图为民减困纾危。他发现自己负责的衙前差役，就是一项亟待改革的弊政。所谓衙前，即官府所需要的物资等，服役的人民负责运送，如果运送中有丢失损害，则运送的人必须赔偿。凤翔府的衙前劳役主要是运送从终南山砍伐的竹子、木材，编成竹木筏，从渭河漂到黄河，再经三门峡运抵汴京。由于河急滩险，往往破损遗失，承役之人常因赔偿而倾家荡产。

苏轼不仅是一个悲天悯人的文士，同时是一个勇于行动的官员，他立刻给宰相韩琦写信，为民请命，陈说服役百姓为完成运送任务付出代价太大，而政府的补偿金额太少，根本是杯水车薪，呼吁中央政府予以重视。

与此同时，苏轼又在自己职权范围内努力想办法，尽量为百姓排忧解难。他通过调查发现，如果趁渭河与黄河涨水期到来之前，允许服役者考察水流涨落情况，自行决定何时运送，则可减少运送损失。而以往的官吏往往不恤下情，任己意向百姓发号施令，在河水暴涨期命令发运，导致祸害倍增。苏轼立刻向上级禀报请示，修改衙前服役规定，结果立竿见影，衙前之害减少了一半。

在古代的农业社会，雨水和旱涝是直接影响人民生产生活的大事。苏轼任职凤翔府时，年年遇到严重的旱情，那时科技手段有限，向上天求雨成了地方官的重要任务。苏轼认真虔诚地履行祈雨职责，到任的第一春就遇大旱，他向当地父老请教应该到何处去祈雨，父老说郿县（今陕西眉县）的太白山有神，很灵验。苏轼向宋选禀报，宋选就派他前往，苏轼撰写了一篇情辞恳切的祈雨祝文："维西方挺特英伟之气，结而为此山。惟山之阴威润泽之气，又聚而为湫潭。瓶罂罐勺，可以雨天下，而况于一方乎？乃者自冬徂春，雨雪不至，西民之所恃以为生者，麦禾而已。今旬不雨，即为凶岁，民食不继，盗贼且起。岂惟守土之臣所任以为忧，亦非神之所当安坐而熟视也。圣天子在上，凡所以怀柔之礼，莫不备至。下至于愚夫小民，奔走畏事者，亦岂有他哉！凡皆以为今日也。神其盍亦鉴之。上以无负圣天子之意，下以无失愚夫小民之望。尚飨。"

读苏轼的这篇祷文，后人也许会感到某种幽默。一方面对山神大加赞颂，另一方面又含蓄地责备其未负起责任，皇帝的怀柔之礼，百姓的急迫情怀，动之以情，晓之以理，软硬兼施，恩威并列。后来听说太白山神在唐朝被封为公爵，到宋朝则封为侯爵，所以神灵不满。苏轼就为宋选起草了一封奏章，向朝廷请求恢复山神的公爵爵位。在生产力低下的古代，人的行为极富喜剧色彩，但其内心所抱持的一腔为国为民的热忱，还是足以让后世人感动的。

祈雨后，老天还真下了雨，但雨量不足，于是知府宋选与苏轼斋戒沐浴，一同去真兴寺阁祈雨，敬告山神，已经为神请封更高的封号，并举行从庙里迎"龙水"仪式，苏轼写祷词曰："府主舍人，存心为国，俯念舆民，燃香霭以祷祈，对龙湫而恳望，伏愿明灵敷感。"还有《真兴寺阁祷雨》诗："太守亲从千骑祷，神翁远借一杯清。云阴黯黯将嘘遍，雨意昏昏欲醉成。已觉微风吹袂冷，不堪残日傍山明。今年秋熟君知否？应向江南饱食粳。"

果然祷雨灵验，不久乌云密布，雷声隆隆，暴雨骤降，两天后又下大雨，持续三日，枯焦的庄稼禾苗都恢复了生气。苏轼为表达喜悦心情，把自己后园里的亭子改名为"喜雨亭"，并写了脍炙人口的《喜雨亭记》。其中洋溢着与黎民百姓同甘共苦的情怀："今天不遗斯民，始旱而赐之以雨，使吾与二三子，得相与优游于此亭者，皆雨之赐也。其又可忘耶！既以名亭，又从而歌之，曰：使天而雨珠，寒者不得以为襦。使天而雨玉，饥者不得以为粟。一雨三日，系谁之力。民曰太守，太守不有。归之天子，天子曰不然。归之造物，造物不自以为功。归之太空，太空冥冥。不可得而名，吾以名吾亭。"

苏轼给朝廷主管钱粮租税的三司使蔡襄上书，请求蠲免百姓不合理的负担，提出应该"放欠"，即放弃要人民偿还所谓对政府的债务："凡四十六条，二百二十五人，钱七万四百五十九千，粟米三千八百三十斛，其余炭铁器用材木冗杂之物甚众。"

苏轼初登仕途，就以仁者之心努力实践仁政，体现出儒家文化的功德善美。

才贤世有几，廊庙忍轻遗：变法风云

熙宁二年（1069）二月，苏轼兄弟服父丧期满还朝，苏轼任殿中丞直史馆判官告院，是个掌管文武官员诰身（即资格文凭）和封赠事务的闲官。因为此时恰逢宋英宗逝世，二十岁的宋神宗即位，重用王安石，开始变法。据说王安石知道苏轼"素不同己"，对变法不太赞成，所以这样安排他的工作。

王安石变法的是非，像历史上所有失败了的变革一样，成了后世历史聚讼纷纭、褒贬不一的话题。但可以肯定这样的立场：当时的北宋社会，无论政治、经济、国防、民生，确实都已经积累了相当严重的问题，需要改变，从上到下也渴望改变。但一涉及如何变，则会有不同的方法政策分歧，不同的阶层利益纷争。这种分歧和纷争会在改革推行的过程中日益尖锐，终至酿成不同政治派别之间激烈复杂的争斗，越到后来，就越发演变为失去理智和原则的派别人事之争，你上则我下、你死则我活的冲突。北宋的"党争"从此开始，一直到靖康之变北宋灭亡。苏轼一生的荣辱浮沉也就是在这种党争演变中形成的。

王安石是一位有个性、有抱负的政治家，早在嘉祐四年

025

（1059），他就给仁宗皇帝上过《万言书》，痛陈北宋面临的严峻局势，分析其根源，提出变革的主张。他在鄞县、舒州、常州等地担任地方官，试行局部改革，政绩卓著，又在京城担任过知制诰，学问政声早已扬名朝野。宋神宗还是太子时，记室参军韩维就多次向神宗赞扬王安石的政治才干。因此，神宗即位两个月，就起用刚刚服完母丧的王安石为江宁知府，不久，又任命他为翰林学士，调回汴京。熙宁元年（1068）四月，神宗召见王安石破格入对，即单独面谈。王安石乘机进言，鼓励神宗效法古圣君尧舜，变法革新，做一番伟大的事业，回家后又立刻写了《本朝百年无事札子》奏本，进奉神宗御览。

这篇奏章回顾了宋朝建国百年来的施政，对政治、军事、用人和理财等情况都提出尖锐批评，其核心是批判宋朝官场长期以来的因循苟且、萎靡疲沓的作风。神宗被深深打动，于熙宁二年二月初三日，任命王安石为右谏议大夫、参知政事（副宰相）。王安石提出当务之急是"变风俗，立法度"，神宗即下诏，设立了制置三司条例司，也就是制定三司（户部、度支、盐铁）条例实施变革的专设机关，知枢密院事陈升之和王安石共同负责，陈升之老而懦，实际上是王安石主持。一场声势浩大的变法运动，几乎涉及所有官员的政治斗争就此开始。苏轼、苏辙正于此时回朝，恰逢其会。

很快，苏轼和苏辙就成了王安石变法的对立面。

苏辙于三月初上了八千多字的奏章《上皇帝书》，提出自己的政治主张，认为节约开支才是政府"丰财"的正道，这与王安石开拓财源以"丰财"的主张完全不同。因此，当神宗任命苏辙到制置三司条例司任检详文字一职，与王安石的亲信吕惠卿同列，很快就出现了分歧，苏辙对王安石和条例司的许多改革措施都持异议。工作了五个月，苏辙终于感到无法忍受，给王安石写了《制置三司条例司论事札子》，实际上是辞职信，同时又向朝廷上《乞外任状》的奏章，要求到地方任职，明确说自己在三司条例司工作，与上级和同事"商量公事，动皆不合"，"伏惟陛下创置此局，将以讲求财利，循致太平，宜得同心协力之人，以备官属，而臣独以愚鄙，固执偏见。虽欲自效，其势无由"。

王安石变法遭到了如韩琦、富弼、文彦博、司马光等一大批元老重臣的反对，他只能起用一些新人，这些人中不乏投机之辈，对王安石一味窥察颜色顺从迎合，以夤缘求进谋取个人的功名地位，如吕惠卿、韩绛、李定、谢景温等。这种"君子隐退，小人竞进"的局面使变法的事业危机重重。而迅速展开强行推动的新法新措施，缺少深思熟虑调查试点，自有许多不成熟不周全的地方，在强制下面执行的过程中，更会产生诸如脱离实际的"一刀切"，执行者急于求成邀功请赏而害民利己等弊端。

四月，王安石对朝廷取士制度提出改革意见，主张废除贡举而仿古制兴建学校，罢免诗赋、明经诸科目，专以经义、论、策试进士，这有点强调务实不务虚的意思。神宗下诏让两制、两省、御史、三司共同讨论，不少人赞成附和王安石的主张，苏轼则上了《议学校贡举状》，反对用学校取代贡举，认为"使三代圣人复生于今，其选举养才，亦必有道矣，何必由学"，建立学校则必然"发民力以治宫室，敛民财以食游士"，"贡举之法，行之百年，治乱盛衰，初不由此"，策论取士未必优于诗赋取士。

神宗阅了奏章，说："吾固疑此，得轼议，意释然矣。"召见苏轼，让他对政令大胆发表意见，即使皇帝本人有错误也要直言无隐。苏轼非常感动，想了一下，就说："臣窃意陛下求治太急，听言太广，进人太锐，愿陛下安静以待物之来，然后应之。"这当然有针对性，指的是王安石拜相、设立制置三司条例司等变法举动，苏轼认为改革不可操之太急，要慢慢来。神宗听了严肃地回答说："卿三言，朕当详思之。"

熙宁三年元宵节前，朝廷下令开封府减价购买四千余盏浙灯，以庆祝节日、孝敬娱乐太后。苏轼知道以后，上《谏买浙灯状》奏章，直言："大孝在乎养志，百姓不可户晓，皆谓陛下以耳目不急之玩，而夺其口体必用之资。卖灯之民，例非豪户，举债出息，畜之弥年。衣食之计，望此旬日。陛下为民父母，唯可添价贵买，岂可减价贱酬。此事至小，体则甚大。"认为贱买浙灯是与民争利，会让百姓生怨。神宗从谏如流，果然收回了成命。

这让苏轼感到鼓舞，又连续奏上《上神宗皇帝书》《再上皇帝书》《拟进士对御试策》，对新法展开全面的批评。他劝谏神宗放弃变法，改行"结人心，厚风俗，存纪纲"之德治为主的政策。

苏轼与王安石站在了完全对立的位置上，成了反对新法的保守派，这是一个复杂的问题。两人都对当时的社会政治弊病深具痛感，企图变革，但在如何进行变革的政策方略上则有完全不同的主张。王安石力主变革法治，苏轼则认为选择官吏更重要，反对"以立法更制"，也可以说王重视规条和法治，而苏偏重道德教化与人治。王安石要积极理财，"因天下之力，以生天下之财"，从而使贫乏的国库丰裕；苏轼则要"节用以廉取"，反对通过变法"广求利之门"。也就是王要增加政府收入，苏要节约政府开支。王安石希望速见成效，说"有为之时，莫急于今日"，要大刀阔斧雷厉风行；苏轼则强调"欲速则不达""轻发则多败"。即王要激进，苏要渐进。

苏轼比王安石小十六岁，其时王安石已近知天命之年，有二十多年从地方到朝廷的从政经历，实际经验丰富；而苏轼年方三十三岁，刚过而立之年，仅仅任过三年府吏，从政经验不多。尽管王与苏都是杰出的文人，但正如颜邦逸在《苏轼传》中说：王安石沉稳、干练、老辣，是政治家兼文学家；苏轼则热情、敏感、冲动，是文学家兼政治家。苏轼对现实的弊病予以直率深刻的揭露，所写奏章富有文学色彩，对皇帝寄予了过多的理想主义期望；王安石则巧妙概要得多，对皇帝歌颂中暗寓讽谏，具有政治家风范。所以，客观地评价，尽管苏轼指出的变法消极后果，后来不少都不幸而被言中，从长远的政治效应而言，苏轼对新法的弊端看得比较深刻，但苏轼政治主张的可操作性显然不如王安石的变法。易地而处，让苏轼主导改革，可能更显迂阔，流产更快。

苏轼的上书进言，对神宗急于求成的心态、王安石坚持己见的决心，都考虑欠周，有点书生议政，只求淋漓痛快，必然引起对立面的强力反弹，务除之而后快。神宗曾有意让苏轼去"编修《中书条例》所"任职或直史馆修《起居注》，这都是接近皇帝的侍从近臣，俱为王安石所阻。王安石安排苏轼任开封府判官，让他忙于首都繁杂琐碎的行政事务，没有机会接近神宗。不过苏轼此时年富力强，在开封府判官任上优游自如，同时仍然关注朝政。政治斗争有时不择手段，王安石一派的御史谢景温上章弹劾苏轼，说苏轼扶柩归蜀安葬苏洵途中，曾经在船中贩运私盐和木材以牟利。这是一种无中生有的诬蔑，后来虽然逼讯船工，也终于无法取证，不了了之，但对神宗心目中苏轼的形象，则达到了某种损毁的目的。

熙宁四年（1071）六月，苏轼提出了去地方外任的请求。政见不合，则离开朝廷去地方任职，宋朝的这种政治态势，应该说还是比较温和的。神宗本来批示安排苏轼担任某州知州，即主政一方，但中书省作梗，拟议让他任颍州通判，即副职，神宗又批示苏轼任杭州通判。中书省受王安石控制，害怕苏轼担任知州阻挠变法实施，神宗爱才，对苏轼仍存顾恤之意，让他去一个优美富裕丰饶的地方任职。

苏轼与王安石之间，虽然有政见歧异，但并非不共戴天的敌人。苏轼对新法也并非"逢新必反"。经过地方工作的历练，苏轼对新法的某些有益的措施是接受的。神宗死后高太后主政，起用保守派，苏轼主张保留新法中一些行之有效的做法，司马光则要把新法不分青红皂白一律废除，苏轼与司马光争论，司马光固执己见，苏轼气愤地连呼他是"司马牛"。

而在王安石晚年，苏轼与王安石诗词唱和，充分表现了两位伟大人物惺惺相惜的胸襟度量。王安石一直十分欣赏苏轼的才学，元丰二年（1079）苏轼陷乌台诗案时，王安石已经不在其位，但仍然上书营救。苏轼黄州流放期满，王安石情意殷切，劝苏轼在自己的退休之地金陵购买房产，与自己比邻而居，苏轼写了《次荆公韵四绝》，其第三首说："骑驴渺渺入荒陂，想见先生未病时。劝我试求三亩宅，从公已觉十年迟。"金陵置产没有成功，苏轼又去离金陵不远的仪真（今江苏仪征）访求。他在《上荆公书》中说："近者经由，屡获请见，存抚教诲，恩意甚厚……某始欲买田金陵，庶几得陪杖屦，老于钟山之下。既已不遂，今仪真一住，又已二十日，日以求田为事，然成否未可知也。若幸而成，扁舟往来，见公不难矣。"虽然仪真买田也未能实现，而一年多后王安石即去世，但两位伟大文学家和政治家和而不同的情感交谊，则成了千古佳话。

盐事星火急，谁能恤农耕：两任杭州

熙宁四年十一月下旬，苏轼抵达杭州。在三年任期里，他作为知州陈襄的副手，以一个儒者的仁爱之心和一个正直官员的责任感，为当地百姓做了不少惠民之事。

值得一提的事是疏浚杭城六井，苏轼撰有《钱塘六井记》，记述了始末缘由。

杭州风景优美秀丽，钱塘潮更是天下奇观，但正因为它是钱塘江潮水冲击而成的陆地，水质便带有海水的特点，十分苦涩，不适合饮用。唐朝的宰相李泌，曾担任杭州刺史，他统筹规划，在杭州挖掘了六口水井，分布全城各地，分别叫相国井、西井、金牛池、方井、白龟池和小方井。六井引西湖的淡水，解决了杭州人的饮水问题。此后白居易担任杭州刺史，曾继续治理西湖，维修疏浚水井。但岁月推迁，年长日久，六井逐渐又出现了淤塞，其中的金牛池早已完全废弃，宋嘉祐年间太守沈文通开凿了南井，但没有解决根本问题。

陈襄和苏轼于熙宁六年秋天调查研究，询问民间疾苦，老百姓异口同声反映说，六井得不到治理，人民吃水很难，南井地势高，经常断水。陈襄和苏轼找来一个懂得开凿水井的和尚仲文，让他带领二十多人作了全面疏浚治理，最后六井全部修好，滔滔汩汩，清泉不断。

水井刚修好，第二年就遭遇大旱，从江淮到浙右的水井大多干枯，杭州的这六口井却水源丰富，杭州人不仅不缺乏饮水，还能洗澡和饲养牛马。这件德政虽然主要应归功于陈襄，苏轼作为副手，也功不可没。在《钱塘六井记》中，苏轼从治理废井引申出人生哲理，得出结论，即重要的是要防患未然，有备才能无患："余以为水者，人之所甚急，而旱至于井竭，非岁之所常有也。以其不常有，而忽其所甚急，此天下之通患也，岂独水哉?"

苏轼在杭州的几年，每年的年景都不好，不是水灾，就是旱灾，还有蝗灾，接连不断。作为通判，他经常下乡恤问百姓，帮助救灾、赈济。这在他的诗文作品中都有充分的反映。

熙宁五年，他写有《吴中田妇叹》：

> 今年粳稻熟苦迟，庶见霜风来几时。
>
> 霜风来时雨如泻，把头出菌镰生衣。
>
> 眼枯泪尽雨不尽，忍见黄穗卧青泥。
>
> 茅苫一月陇上宿，天晴获稻随车归。
>
> 汗流肩赪载入市，价贱乞与如糠粞。
>
> 卖牛纳税拆屋炊，虑浅不及明年饥。
>
> 官今要钱不要米，西北万里招羌儿。
>
> 龚黄满朝人更苦，不如却作河伯妇。

作为一个怀有悲悯情怀的儒者仁者，对人民的苦难感受至深，作为政府官员，又不得不按照新法的要求向人民征敛，实在无可奈何。龚黄指汉代的龚遂、黄霸，是两位体恤民情的好官，此处则意在反讽，暗指变法官员，河伯妇一句则反用西门豹治邺的典故，意思是朝廷为向百姓收钱，大把的银子都送给了西夏的羌人部落，满朝都是龚遂和黄霸一样的清官，老百姓的生活却更加痛苦，吴中田妇辛苦劳作，遭遇灾荒，好不容易收获的粮食费劲地运到市场，却只能贱价出售，而朝廷要花大把银子安抚西夏，向百姓只要钱不要粮，吴中农妇卖粮食的钱不够，还得卖牛拆屋，来年的日子没法过了，还不如投到河里嫁给河伯呢！

苏轼还有一些特殊的任务。盐政历来是国家的重要财政收入，杭州任和县汤村有一个很大的盐场，为了便利官盐运送，政府决定在那里开凿一条运河。熙宁五年十一月，苏轼到工地去督促运河工程，他目睹了人民服徭役而受的苦难，有《汤村开运盐河雨中督役》诗作。

第二年，即熙宁六年，很多地区发生水旱灾害后的饥荒，朝廷调集了几万石粮食救济灾民。十一月苏轼前往常州、润州（今江苏镇江）发放救济粮，到次年六月才结束，共历时七个月之久，连除夕都没有回杭州与家人团聚。在《除夜野宿常州城外二首》中有"重衾脚冷知霜重，新沐头轻感发稀"这样的名句。

但刚回家一个月，又需要去临安扑灭蝗灾，八月份，苏轼赶赴临安。那里的蝗灾的确非常严重，苏轼在《捕蝗至浮云岭，山行疲苶，有怀子由弟二首》中感慨万端：

一

西来烟障塞空虚，洒遍秋田雨不如。

新法清平那有此，老身穷苦自招渠。

无人可诉乌衔肉，忆弟难凭犬附书。

自笑迂疏皆此类，区区犹欲理蝗余。

二

霜风渐欲作重阳，熠熠溪边野菊黄。

久废山行疲荦确，尚能村醉舞淋浪。

独眠林下梦魂好，回首人间忧患长。

杀马毁车从此逝，子来何处问行藏。

无边无际的蝗虫飞来，遮天蔽日满田遍野，生产力落后、科技不发达的古代，缺少有效的治蝗手段，苏轼颇感任务艰巨，有心无力，所以自我解嘲，说自己"迂疏"，只能竭尽绵薄，面对人间严重的忧患，真想学后汉的地方官冯良，毁车杀马撕裂官服而逃避隐居。

苏轼这一次在杭州通判任，是三十六岁到三十九岁，此后历经调任密州、徐州和湖州，遭遇乌台诗案、黄州贬居、回朝荣显等浮沉沧桑，到五十四岁又出任杭州知州。两次任职杭州，比较一下，也颇有趣味。第一次是副职通判，第二次是正职知州，第一次因与新党执政者意见不合而外任，第二次则受旧党执政者的妒忌排挤而离京，两次都是苏轼主动提出，并一再申请离开中央前往地方的。

第二次赴杭州，是元祐四年（1089）三月得到任命，以龙图阁学士知杭州，四月离开京城，七月到达任所，元祐六年（1091）正月朝命召还任翰林学士承旨知制诰，三月离开杭州。在杭州实际停留了一年零八个月。

林语堂在《苏东坡传》中说苏轼是火命，不管到哪儿任职，不是旱灾、虫灾就是涝患水灾，救灾成了新官上任伊始的第一要务，实际上这是古代农业社会地方官任职的常态，只是有的官员认真负责，有的官员敷衍塞责而已。苏轼这第二度杭州任不到两年的时间里，水灾、旱灾、风灾接踵而至，而苏轼的政绩也相当突出。这一次，他是杭州的"一把手"，大权在握，可以完全根据自己的意志行事。那么，苏轼做出了哪些成绩呢？

最著名的当然是治理西湖，修建了留名后世的苏堤。他初到杭州，就发现西湖已经被葑草淤塞，严重地影响了人民的生活。苏轼作了详细的调查研究，然后给哲宗和高太后上奏章《杭州乞度牒开西湖状》。

这封奏章写得十分得体，首先把治理河湖水利之重要与国运昌盛与否联系起来，给皇帝和太后戴上高帽子，所谓"臣闻天下所在陂湖河渠之利，废兴成毁，皆若有数。惟圣人在上，则兴利除害，易成而难废……陂湖河渠之类，久废复开，事关兴运。虽天道难知，而民心所欲，天必从之"。

下面就切入正题，概述西湖治理的沿革："杭州之有西湖，如人之有眉目，盖不可废也。唐长庆中，白居易为刺史，方是时，西湖溉田千余顷。及钱氏有国，置撩湖兵士千人，日夜开浚。自国初以来，稍废不治，水涸草生，渐成葑田。熙宁中，臣通判本州，则湖之葑合，盖十二三耳。至今才十六七年之间，遂埋塞其半。父老皆言十年以来，水浅葑横，如云翳空，倏忽便满，更二十年，无西湖矣。使杭州而无西湖，如人去其眉目，岂复为人乎？"

原来西湖在中晚唐都治理维护得很好，到了宋代则疏于管理，湖水干涸，葑草越长越多，使水面日益减少，所谓葑就是芜菁，是一种二年生草本植物，开黄色花，块根如扁球，白色或红色肉质。十几年前苏轼任杭州通判时，湖面已经有十分之二三长满芜菁，现在则有一半的湖面被芜菁占领了。芜菁的生长繁殖能力超强，所谓"水浅葑横，如云翳空，倏忽便满，更二十年，无西湖矣"。如果没有了西湖，杭州就像被削了眉毛，挖了眼睛，那是多么可怕的情景啊。

接着，苏轼从五个方面论述"西湖不可废"的理由，涉及政治、经济和民生等方面。没有了西湖，杭州人赖以生存的六口水井将失去水源，又得饮用苦咸的海水，那人民只有逃离，杭州就不再是杭州。此外城中运河，良田灌溉，水陆出产如"茭菱谷米"，以及酿酒业等，都将受到严重影响，而光酒税一项，政府就将遭受二十余万缗钱的损失，如此等等。在今人看来，特别有趣的是政治方面的理由：宰相王钦若曾奏请把西湖作为放生池，禁止在西湖捕鱼射鸟，为人民祈福，杭州人因此于每年四月八日到西湖放生鱼鸟，数量达到几百万，在举行这项放生仪式时，人民都朝着汴京所在的西北方向祝福皇帝千秋万岁。如果西湖堵塞干涸了，这种盛况当然难以为继，"使蛟龙鱼鳖同为涸辙之鲋"，那么作为杭州的地方官，听任此种情况发生，那不是最大的不忠于朝廷吗？这当然是传统社会的意识形态，直接联系上皇家自身的利益和尊严，的确很能打动统治者的心。以今天的眼光看，也可谓歪打正着，把西湖辟为放生池其实是环境保护的一项重要举措。

在作了这些阐述铺垫以后，苏轼信誓旦旦地表示："臣以侍从，出膺宠寄，目睹西湖有必废之渐，有五不可废之忧，岂得苟安岁月，不任其责。辄已差官打量湖上葑田，计二十五万余丈，度用夫二十余万功。"说明自己作为杭州知州责无旁贷，下定决心治理西湖，并已经初步调查了情况，预估了治理所需费用。接着，苏轼再以赞颂朝廷已经给予的一些救济灾荒款项为前引，提出进一步申请："臣伏见民情如此，而钱米有限，所募未广，葑合之地，尚存大半，若来者不嗣，则前功复弃，深可痛惜。若更得度牒百道，则一举募民除去净尽，不复遗患矣。"所谓"度牒"，是宋朝官方颁发的僧尼等出家人执照，当时规定度牒可以出让，一道度牒可以换一百几十贯钱，折合大米二百石以上。

与这封上奏皇帝和太后的表章同时，苏轼又给政府责任部门中书、门下、尚书三省直接写了《申三省起请开湖六条状》，更详细地陈述治理西湖的历史沿革和必要性，提出了治理西湖的详细工作计划，是一份专业性和可行性很强的工作规划报告。苏轼是一位实干的行政官员，一方面上书朝廷，一方面就开始行动，颇有点"先斩后奏"的气魄。在申请朝廷再赐予度牒一百道的同时，就调拨杭州救灾结余的一万贯钱及一万石米，调动钤辖司所辖兵卒，驻守杭州的两浙兵马都监刘景文手下的士兵，并招募灾民中的青壮劳力，开始清除西湖上的芜菁，挖掘湖里的淤泥。

芜菁面积达二十五万多平方丈，挖掘的淤泥更是数量庞大，该如何弃置这些东西呢？苏轼想出了废物利用变废为宝的妙招：用芜菁和淤泥在西湖里筑一道长堤，从南向北，正好和湖中原有从东向西的长堤构成功能互补，使南北往来也如东西往来一样便利，消除了南北向要绕湖行走费时甚久的麻烦。施工四个月，大功告成，一条长八百八十丈，宽五丈的长堤，横亘于湖面，北达栖霞岭，南到南屏山，堤身有六座石桥，湖水从桥下悠悠流淌，畅通无阻，堤上栽满杨柳，堤旁广植芙蓉花，还修建了九座凉亭，供行人休憩流连，真是既实用又美观，既疏通展扩了湖面，又增加了美丽景观。老百姓欢呼雀跃，苏轼也十分兴奋，曾在诗中抒发成功的喜悦："我凿西湖还旧观，一眼已尽西南碧。"后来，他又在一首诗中充满感情地回忆道："我在钱塘拓湖渌，大堤士女争昌丰。六桥横绝天汉上，北山始与南屏通。忽惊二十五万丈，老葑席卷苍云空。"

西湖疏浚了，但如何保证不再淤塞？苏轼早已统筹计划，制定了长远之策，把原来的葑田都改为菱荡，租佃给湖边的农人种菱，因为种菱必须把水中的葑草除去，这就使芜菁的生长繁殖受到了控制。同时，又规定种菱的人只能插竹木作标界，不准窝割葑地为标界，防止了再度泥土淤积。此外，还在新开的湖面上建立了几座小石塔，作为边界，不得再向湖中扩种。这些小石塔，就成了后来西湖的著名景点：三潭印月。还有一项明确规定，就是钱塘县尉必须负责经常巡查湖面，发现茭葑蔓延，应立即组织除治。新旧任县尉交接公务时，这项任务的执行情况要明确交代，不得互相推诿。

苏轼在杭州兴修水利是一个系统工程，治理西湖前，他对茅山、盐桥两条运河的河道都作了疏浚，使干浅的运河水深度达到了八尺以上，解决了谷米运输的困难。这项工程从元祐四年十月开工，第二年四月才得以完成。

十多年前他和陈襄整治好的六井，有一些已经不能使用。苏轼访问当年参与治理水井的四位僧人，知道三位已经仙逝，还有一位尚存，他就聘请这位老僧出山指导修井。这位老僧叫子珪，虽已年过古稀，但精神矍铄，他告诉苏轼，水井之所以废弃，是因为原来引水入井的水管是毛竹所做，时间一长就朽坏了，现在如果改用瓦筒引水，在瓦筒外面再加上石槽，则可以经久耐用。苏轼从善如流，如法炮制，清澈甜美的西湖水源源不断流入修好的六井，苏轼又在缺水的北郊再凿二井，让驻扎在那里的军队也解决了吃水困难。苏轼特别上表朝廷，为子珪请功，请求赐予法号"惠迁"，以示恩宠表彰，这是取《周易》中"井居其所而迁"的意思。

经过苏轼的苦心经营，杭州旧貌换新颜，西湖真的像他的诗句所赞美的那样，呈现了天姿国色："水光潋滟晴方好，山色空蒙雨亦奇。欲把西湖比西子，淡妆浓抹总相宜。"

这首诗是他以前任杭州通判时写的，清朝的王文诰评论说，"此是名篇，可谓前无古人，后无来者"，但到了第二次任职杭州，苏轼一心忙于治湖救灾，已经写不出如此美妙绝伦的作品，只能写"不见跳珠十五年"了。

治理西湖、疏浚水井使杭州人民有了优美舒适的生活环境，也给他们带来了经济获益。后任知州林希把湖中的新堤命名为"苏公堤"，在堤上刻碑纪念，杭州的百姓更在堤上建立了苏轼的生祠，甚至在家中挂像烧香供奉，表达他们对苏轼惠政的感谢和怀念。

不过，苏轼并不是没有遇到阻挠和困难。他的杭州知州任期太短，当他进一步准备开凿石门运河，解决钱塘江潮带来的舟行之险时，朝廷下诏让他回朝中任职，苏轼抓紧时间，制定了规划，绘制了地图，估算了经费和人力，上奏朝廷，请求开工。但苏轼遭到了某些人从中作梗，当他离任后，继任知州林希就把这项工程废辍搁浅了。

另一方面，原来朝廷批准下发两浙、淮南救灾的六百道度牒经费，其中杭州可得一百道，扬州可得一百道，淮西和两浙的有关部门却上报说今年可能年成好，不需要救济，户部因此把度牒收回，连苏轼向朝廷申请的五十道度牒也被冻结。苏轼十分气愤，特别向皇帝和太后上了《奏户部拘收度牒状》，揭露这些官员罔顾民困谎报情况，目的是投机希宠："显是小臣无意恤民，专务献谄，而户部、都省乐闻其言，即时施行，追寝二圣已行之泽。百姓闻之，皆谓朝廷不惜饥民，而惜此数百纸度牒，中路翻悔，为惠不终。"

这种"告御状"当然会得罪有关部门的官吏，所以苏轼在奏状中请求皇帝和太后把自己的奏章"留中省览，更不降出"，"伏望圣慈愍臣孤忠，不避仇怨，特乞留中不出，以全臣子"，即希望不要把自己的奏章公开，只留在内廷供皇帝和太后参考，以免引起那些被告状的人对自己的仇视。苏轼秉一片公心，为了维护人民的利益，与官僚作坚决斗争，同时也讲究斗争方法。

苏轼在杭州的另一项重要政绩是赈灾救荒。就在苏轼"告御状"不久，灾荒就大规模发生。包括杭州在内的浙西多半个湖泊区暴雨连绵，太湖上涨泛滥，庄稼多被淹没，有的居民家中水深一尺。苏轼当机立断，连续向皇帝、太后和政府部门上奏表陈情，七月十五日上《奏浙西灾伤第一状》，七月二十五日上第二状，九月七日上《相度准备赈济第一状》，九月十七日上第二状，十月二十一日上第三状，十一月二十一日上第四状，其救灾如救火、救民如救子的大悲悯情怀和负责任精神跃然纸上。在苏轼努力下，高太后和朝廷给予了认可支持，从而减轻了灾情的伤害程度。

瘟疫、疾病紧随灾情、饥荒而至，杭州是水陆要冲，人口流动量大，因此疾病也流行快，死亡率高，可是全城却没有一家公立医疗机构。苏轼一边忙于赈济救灾，一边派遣官吏率领医生去百姓家中施舍药粥治病救人，稀粥中配置了中草药，既可充饥果腹，又可防治疾病。同时，苏轼根据在黄州流放时从老友巢谷得来的秘方，购买了许多药材配制成一种名为"圣散子"的药剂，派人在街头用大锅熬药，让过往的路人都来饮用，"不问老少良贱，各服一大盏"。

除了这种防治措施，苏轼想得还要长远，他毅然拿出自己的积蓄五十两黄金，再从政府资金中调剂出两千贯钱，建立了一座公立医院"安乐坊"，地点在杭州市中心众安桥，委派懂医药的僧道主持，由政府赐穿紫袍，提供经费，三年中，共有一千多个病人在这所杭州最早的医院中得到治疗。后来，这所医院移到了西湖边，改名"安济坊"，直到苏轼去世以后，还在发挥作用。

除了救灾赈济和兴修水利，苏轼还对杭州官署作了修缮，这座官署本是五代吴越王时代的老房子，虽然连楼复阁，宏伟雄丽，但年代久远，风雨腐蚀，很多屋子都已经倾斜，不少地方都是靠小木横斜支撑，随时有颓毁倒塌的危险，而且已经压伤压死过人，所谓"今年六月内使院屋倒，压伤手分书手二人；八月内鼓角楼摧，压死鼓角匠一家四口，内有孕妇一人"。苏轼派人调查后，写了《乞赐度牒修廨宇状》上奏朝廷，报告有二十七处需要立刻修理，包括官舍、城门楼、仓库等，请求拨给经费，这不仅是为了继续居住使用，还有保留古迹的文物保护意义："臣非不知破用钱数浩大，朝廷未必信从，深欲减节，以就约省。而上件屋宇，皆钱氏所构，规摹高大，无由裁撙，使为小屋。若顿行毁拆，改造低小，则目前萧然，便成衰陋，非惟军民不悦，亦非太平美事。"

苏轼任杭州知州时，对民间诉讼的审判也留下佳话。苏轼曾审判一桩欠款不还案：一个制扇卖扇的商人被人控告，诉他拖欠购买绫绢两万钱不还，商人申诉说自己并非故意拖欠，而是因父亲去世经济紧张，又遇上连日阴雨，扇子卖不出去，实在无力偿还欠款。苏轼沉吟良久，对商人说你拿一些好扇子来，我替你发个利市吧。商人照办，苏轼从中选出二十柄白绢团扇，在上面连写带画，签署上自己的名号，然后对商人说，拿去卖了还债吧。商人抱着扇子刚走出衙门，就被闻讯而来的人们团团围住，一千钱一把扇子，一会儿就被抢光了。王羲之曾给售扇的老妇人写字题扇，帮助她卖了许多扇子。苏轼此举虽然是效尤前辈，其书艺仁心，却也是后先辉映。

有一个南剑州的乡贡进士吴味道，犯了逃税之罪，而其犯罪情节竟是冒充苏轼给苏辙寄送东西，两个大包裹上写着苏轼寄，苏侍郎子由宅收。苏轼当然很气愤，严加审讯，吴味道招供说，自己乃乡贡进士赴京城赶考，亲友帮助凑了旅费，自己用一百贯钱买了三百匹建阳纱，想带到京城作旅费，算了一下，路途上交税就会损失一半，所以冒充大人的名号，以免去征税。苏轼听了以后，不由得笑了，他吩咐手下把包裹换上新笺，写上苏辙的明确住址并亲自给苏辙写了一封信，交给吴味道，说这下没问题了。第二年吴味道考中了，回来向苏轼致谢，二人诗酒流连了好几天。

苏轼对那些横行霸道的坏人，则绝不手软姑息，处死了一个和妓女有奸情又把妓女杀死的和尚，此外还严厉惩罚腐蚀官吏干扰税收的恶霸刁民。

前后两任杭州，苏轼都留下了良好的口碑，被后世人民所传颂。

循城拾弃孩，夜起澶州桥：密徐湖知州

熙宁七年（1074）五月在杭州通判任满之后，苏轼接连担任密州知州、徐州知州和湖州知州，从十一月到密州至元丰二年七月在湖州任上被逮赴京，共四年零九个月。在这三任知州任上，苏轼同样有许多惠民之政。

密州比起杭州来，要贫瘠困苦得多，但从杭州通判转为密州知州，他是升了官，成了独当一面的一州最高长官。他到任伊始，立刻就看到密州正遭遇严重的蝗灾，而官吏们则麻木不仁。苏轼极有责任感，调查了二十多天，就给宰相韩绛上书，报告灾情，请求援助，这就是《上韩丞相论灾伤手实书》。他报告说，自己刚入密州境，就看到当地人民都在

用蒿草蔓藤等把满地的蝗虫和虫卵包裹起来，埋进道路旁的田地里，这种景象连绵二百余里。而州政府中登记在案民众上报捕杀的蝗虫，已经达三万斛。可京东路的地方官员们却说，蝗成不了灾，甚至有说蝗虫是替农民除草的。苏轼气愤地反驳说，如果蝗虫真的是为农民除草，农民为何还要捕杀呢？不应该反过来向蝗虫祝祷吗？并联系自己刚刚离任的杭州，那里遭遇蝗灾的情况："见飞蝗自西北来，声乱浙江之涛，上翳日月，下掩草木，遇其所落，弥望萧然。"江浙的蝗灾是京东蝗灾的余波，为什么在京东的密州却反而被认为蝗不成灾呢？苏轼请韩绛"少信其言"，要求减免百姓捐税以救灾，并动情地说：如果您不相信我的报告，再派人重复检按，耽误了时间，那时遭灾的人民早就饿死于沟壑了！

苏轼一方面申报朝廷，争取支持，一方面积极防止灾害扩大，拨出粮米，制定奖励办法，发动农民捕杀蝗幼虫，火焚土掩，希望能在春暖蝗虫大量繁殖之前控制住蝗灾规模。

苏轼不是只坐在衙门里发号施令，而是深入民间，亲躬调查研究。他听当地父老说蝗灾与旱灾相联系，同恶互济，到第二年春旱，就亲自去常山祈祷霖雨。天公作美，果然下了一场雨，苏轼有诗记其事：

> 高田生黄埃，下田生苍耳。苍耳亦已无，更问
> 麦有几？蛟龙睡足亦解惭，二麦枯时雨如洗。不知

雨从何处来，但闻吕梁百步声如雷。试上城南望城北，际天菽粟青成堆。饥火烧肠作牛吼，不知待得秋成否？半年不雨坐龙慵，共怨天公不怨龙。今朝一雨聊自赎，龙神社鬼各言功。无功日盗太仓谷，嗟我与龙同此责。劝农使者不汝容，因君作诗先自劾。

诗用一种诙谐的口吻，对龙神寓褒于贬，说：你睡得太多了，半年不下雨，太懒了，但老百姓只埋怨天而不敢埋怨龙神，现在终于下了一场雨，是你自我赎过吧？可是龙神和土地神都争着说是自己的功劳。我作为地方长官，吃着朝廷的俸禄，对解除旱情与龙神有同样的责任，我无能让天下雨，真是白领薪水了，表面上是自我检讨，实际上是对龙神的讽喻。

尽管苏轼竭尽全力扑蝗，但因技术手段有限，与密州邻近的几千里地方，都遭遇严重的饥荒困扰，许多婴孩都被遗弃在路旁野外，苏轼经常"洒涕循城拾弃孩"。为了挽救这些无辜的幼小生命，苏轼煞费苦心地从公廪中拨出几百石粮米，用以救济，并张贴布告，鼓励民间领养，由官府每月补贴六斗米，当领养者和被领养的小孩相处日久而产生感情后，就再不会弃养。用这种办法，苏轼救活了几千名儿童，充分弘扬了儒家"幼吾幼以及人之幼"的仁义之道。

密州民风强悍，灾荒年头的盗贼也格外猖獗，苏轼作为地方长官，当然要维护当地社会的稳定，保护人民的生命财产安全。他在《论河北京东盗贼状》中向朝廷慷慨陈词，首先说"河北、京东比年以来，蝗旱相仍，盗贼渐炽，今又不雨，自秋至冬，方数千里，麦不入土，窃料明年春夏之际，寇攘为患，甚于今日"，然后论述山东自古以来是政权"腹心根本之地"，"王者得之以为王，霸者得之以为霸，猾贼得之以乱天下……天下存亡之权，在河北无疑也"，接着批评常规的防贼治盗策略并不能有效地起作用，再提出自己的治理方案。

苏轼的主张可谓文武之道，宽严相济。他提出，在减免农业税收的同时，对"贩盐小贩"也"权免收税"，并说这并不会使朝廷税收受太大损失。

苏轼在给朝廷所上奏章中，也常常涉及对新法的评说和异议。如《上韩丞相论灾伤手实书》中，所谓"手实"就是新法之一。手实法，是规定人民自报财产数额，根据其多少决定户等的高低，政府再据此分派各家各户应该交纳的税钱多少。为防少报，明确鼓励知情者告发，对告发人给予奖励。这种办法的弊病和消极后果很多，苏轼坚决反对。这时吕惠卿已经取代王安石执政，吕是个野心勃勃而又专横跋扈的人，他推行手实法，都由司农寺传达命令，并经常派使者下各州县调查执行情况，地方官如果实行不力，就以违制论罪。

面对气势汹汹的检查人员，抵制手实法的苏轼据理力争，反击说，违制的罪名，如果出自朝廷，谁敢不服气？现在司农寺居然下发惩办百官的命令，这岂非司农寺擅自越权立法，难道不是更大的违制吗？新法使者听了，不敢再坚持，只好允许苏轼对手实法"从缓"。不久，手实法的弊病充分暴露，再也推行不下去，朝廷只好宣布取消。这样与中央执政者对抗，苏轼并非完全没有顾虑，他在致晁端彦的信中就说："奉行新政，多不如法，勘劾相寻，日俟汰遣耳。"准备付出代价，被罢官免职。不过，对于一些行之有效的新法措施，苏轼则较量短长利害，"因法以便民"，并不一味反对。

在一首赠友人诗中，苏轼这样形容自己在密州的生活情况：

> 何人劝我此间来？弦管生衣甑有埃。
>
> 绿蚁沾唇无百斛，蝗虫扑面已三回。
>
> 磨刀入谷追穷寇，洒涕循城拾弃孩。
>
> 为郡鲜欢君莫叹，犹胜尘土走章台。

能喝到的好酒很少，没有时间娱乐，甚至连饭也顾不上好好吃。整天不是为扑灭蝗虫操心，就是布置捉拿盗贼，或者到城外去拣拾救助被抛弃的婴孩。不过即使如此少欢乐多烦苦，比起在京城为官，和那些政见不合的人为伍，要好得多了，在此忙碌奔波，至少是在为人民减轻苦难而鞠躬尽瘁啊。

熙宁九年（1076）九月，苏轼得到朝命，移任河中府，十二月离开密州赴任。但在路途中，又得到朝命改任徐州知州，熙宁十年四月到达徐州任所。

徐州迎接苏轼的是一场空前的洪灾。七月十七日，黄河在澶州（今河南清丰西）曹村突然决堤，附近的四十三个州县，三十万顷良田全部被淹没。徐州的位置在黄河下游，险情随时可能降临，苏轼一到任，立刻组织防汛。不过在一个多月内，在徐州境内的汴河一直未见汛情，这让徐州上下都存了侥幸之心。没想到八月下旬，暴雨突降，连绵不断，滔滔洪水立刻从北面席卷而至。而徐州城的南面，被两座山横截，水流一大，就无处可去，全汇聚到城下，不多几天，水位已经有两丈八尺高，超过城中平地一丈多，随时有漫入城中的危险。

在此千钧一发之际，苏轼表现出儒家的大勇之德，立即沉着果断地调集五千民工，夜以继日加固城墙，作为一城之主，他泥水淋漓地在现场指挥奔走，鼓舞士气。忽然，手下有人来报告，说城里的一些有钱人聚集在城北门，携带金银细软，要求准许他们出城避难。苏轼赶到那里，只见人头涌动，人声嘈杂，叫骂哀求声不绝于耳，见到太守来临，大家才安静下来。

苏轼虽然对人民充满同情，但作为一城首长，当然深知如果允许这些人出城，必将引起全城更大的惶恐，那时民心大乱，无法抗灾，徐州必然不能保全。于是，苏轼登上高坡，对在场的人民发表演讲，声情道理兼备，向大家慷慨保证："有我苏轼在这里，水绝不会进城！"想出城的人有的惭愧，有的感动，有的畏惧，逐渐散去。

处理完出城风波，苏轼立刻又冒雨赶往驻城的禁军营地，对其首领说："洪水势大，即将毁城，情况十分紧急，虽然按规定只有皇帝陛下才能调动禁军，但请你们帮我一把。"禁军上下都十分感动，其首领说："太守尚且不避污泥浊水，我们这些当兵的，一定服从您的指挥。"于是率领士兵拿起畚锸等工具，一起参加到抗洪斗争中。在军民共同努力下，一道长九百八十四丈、高一丈的东南防洪大堤修筑了起来，其他堤防也得到了加固，城里的民心逐渐安定下来。

此时的苏轼，有如古圣王大禹，身披蓑衣，脚蹬草履，手持木杖，亲自组织参加抗洪，连续多日住在城墙上处理各种情况，过家门而不入。城外洪水掀天撼地，"漂庐舍，败冢墓"，多少人葬身鱼腹，一些身体强壮的人，爬到地势高的地方，或者攀到树上，苟延残喘，苏轼虽然知道城内存粮也日益紧张，仍然"使习水者浮舟楫，载糗饵以济之"，拳拳仁者之心与赳赳勇毅之志如日月双临。

大水灾历时七十余日才渐渐消退，十月十三日澶州刮起大风，风停水落，黄河回返故道流向大海，徐州城终于安然脱离危险了！

洪水虽然已退，但未来年头中谁能保证不再来呢？苏轼思索着长治久安之策。他作出一份工程计划，向朝廷上奏，请求拨款。见迟迟不得答复，他估计朝廷可能嫌预算太高，又修改计划，缩减预算，再次上报，把原计划中的"石岸"改成"木岸"，并向在京城任职的朋友写信，请求他们帮助活动游说。

在苏轼孜孜不倦的努力下，朝廷终于在第二年（元丰元年，1078）批准苏轼所奏，拨款二万四千贯，并允许动用本州财政六千贯，用工七千余人，修筑防水大堤。神宗皇帝还亲下诏旨，对苏轼在抗洪中的卓越表现特予表彰。

元丰元年八月中旬，防洪大堤竣工，同时还落成了一座十丈高的楼台，苏轼为其取名黄楼。这是从五行相克观念出发，黄为土，土能制水。九月九重阳节，苏轼登上黄楼，举行纪念抗洪胜利大典。万众欢呼，心旷神怡，苏轼又有诗作《九日黄楼作》。

次年三月，朝廷又来了诏令，调苏轼移任湖州知州。他离开时，徐州的父老乡亲都含泪列道旁相送，深情地说："如果不是苏太守，我们的孩子前年早成了鱼鳖虾蟹了！"苏轼在写给弟弟苏辙的诗中记下了这些感人的情景和话语，同时说正是自己命不好才给徐州招来水患，自己只能说既无过也无功。

湖州知州任，只有短短的三个多月，四月到达任所，七月就被锁拿入京，遭遇乌台诗案。经过三个多月的牢狱之灾，被贬黄州监视居住，四年多后，政局发生变化，苏轼开始了又一轮上下升转、时而入朝时而外任的仕途变迁。下一节，我们跳过乌台诗案和黄州贬居，先看他从黄州复出后的际遇事功吧。

上书还北阙，拄笏看西山：朝里朝外

虽然苏轼在政治上与一心变法的宋神宗不能保持一致，但神宗对苏轼的才干一直很欣赏，即使在苏轼被贬黄州时，神宗也始终关注着他的动向。有一次由于苏轼患病闭门不出多日，谣传苏轼已经去世，神宗听说后，曾对左丞蒲宗孟叹息良久。元丰七年（1084）正月，神宗下手诏，让苏轼离开黄州，到离京城比较近、生活条件比较好的汝州居住，虽然仍然是团练副使，不得签书公事，但诏书上有这样的话："苏轼黜居思咎，阅岁滋深，人材实难，不忍终弃。"

苏轼在常州有一些田产，他也更喜欢南方的自然风光，在朋友的建议下，他一边缓慢地朝汝州方向进发，一边向朝廷上了《乞常州居住表》，希望能允许自己在常州安家终老。一个多月后，未见朝廷回音，他再上一篇表章，继续申请，这一次写得更情辞哀悯：

> 但以禄廪久空，衣食不继。累重道远，不免舟行。自离黄州，风涛惊恐，举家重病，一子丧亡。今虽已至泗州，而资用罄竭，去汝尚远，难于陆行。无屋可居，无田可食，二十余口，不知所归，饥寒之忧，近在朝夕。与其强颜忍耻，干求于众人，不若归命投诚，控告于君父。臣有薄田在常州宜兴县，粗给饘粥，欲望圣慈，许于常州居住。

为了打动皇帝，获得批准，苏轼在奏表中还委婉地提到自己过去的政绩：

> 又恐罪戾至重，未可听从便安，辄叙微劳，庶蒙恩贷。臣先任徐州日，以河水浸城，几至沦陷。臣日夜守捍，偶获安全，曾蒙朝廷降敕奖谕。又尝选用沂州百姓程棐，令购捕凶党，致获谋反妖贼李铎、郭进等一十七人，亦蒙圣恩保明放罪。皆臣子

之常分，无涓埃之可言。冒昧自陈，出于穷迫，庶
几因缘侥幸，功过相除。稍出羁囚，得从所便。

其实，苏轼的表章之所以在朝中延滞，与朝廷政治情况
变化有关，神宗患病了，元丰八年三月一日已经病危，神宗
的母亲高太后应朝臣之请出来摄政，而到三月五日神宗就驾
崩了。三月六日，苏轼得到朝廷批准，允许他在常州安顿居
住。新皇帝哲宗年仅十岁，实际掌政的高太后支持保守派，
政治风向变了，"元祐更化"即将开始。五月份，苏轼就恢
复了朝奉郎的官衔，并被任命为登州知州。苏轼于十月十五
日抵达登州任所，才五天，又接到朝命，调回京城。

十二月，苏轼抵达汴京，任礼部郎中，半个月后升为起
居舍人。没过几个月，即元祐元年（1086）三月，又升为中
书舍人。中书舍人是一个负责起草朝廷诏令，能参与某些国
家机密的职务，已经相当重要。九月，再升为翰林学士知制
诰。所谓知制诰，即负责起草国家根本法律、制度的文件和
重要官员的任命书，实际上是皇帝和太后的顾问，可以影响
国家重大的政治经济等决策，是仅次于正副宰相、枢密使和
三司使的要职。同时，苏轼还受到朝廷荣誉极高的赏赐：一
对官袍，一条金腰带，一匹金镀银鞍辔的骏马。苏轼幼年
时，父亲就以欧阳修《谢宣召赴学士院仍谢赐对衣金带并马
表》勉励过他，现在终于实现了。

苏轼得到高太后的宠信，却引起了其他朝臣的妒忌，同时，复杂的朝廷党派斗争，也使苏轼不可避免地卷入其中。

司马光被起用为宰相，主持大局。司马光因反对新法，在神宗朝闭门撰写《资治通鉴》，十五年不言朝政，此时还朝复辟，则对新法采取一律废止的极端做法：元丰八年七月废保甲法，十一月废方田法，十二月废市易法、保马法，紧接着又讨论罢免役法。对此，苏轼则表示，对新法应该根据实际情况区别对待，他刚从登州入朝时，与司马光交谈，就向司马光提出，新法的免役法不应该废除，过去的差役法不必恢复，而司马光不予接受。

苏轼主张免役法不可废止，是从自己担任地方官的实际经验出发，以是否有利于人民和国家为出发点，司马光多年闭门著述，于具体事务未免生疏，只是抱定了一切新法都坏都要废止的党派偏执，"忠信有余而才智不足，知免役之害而不知其利"。事情发展到苏轼在政事堂上与司马光公开辩论，陈述理由，司马光大为愤怒。苏轼对司马光提起往事：司马光曾与宰相韩琦意见不一，也曾力陈己见，惹得韩琦老大不高兴，现在你当了宰相，也不允许我说不同意见吗？司马光有些尴尬地笑了笑，却仍坚持己见。此时有四名台谏言官都是司马光所提拔，他们望风希旨，开始找苏轼的岔子，弹劾攻击他，所谓"今言臣者不止三人，交章累上，不啻数十"。

不过司马光于元祐元年九月一日就去世了，朝廷给予隆重的葬礼，而主持其事的是理学家程颐。理学家坚持理学，未免刻板教条，程颐主张葬礼必须按照所谓"三代古礼"进行，他认为司马光的儿子应该表现孝子的深哀剧痛，避不见人，因此不允许他站在灵柩旁边接待前来吊唁的宾客。

司马光去世那天，哲宗皇帝正与文武百官在南郊行明堂祀典，把神宗的灵位安放进太庙。九月六日典礼一结束，百官准备去宰相府吊唁，程颐却阻拦说："《论语》曰：'子于是日哭，则不歌'，今明堂吉礼刚过，岂可又行丧礼？庆吊同日，与古礼不合也。"一个官员反驳说，孔子说哭则不歌，可没有说歌则不哭，现在祀典已经结束，为何不能去吊唁？苏轼本来有幽默感，又常常直抒胸臆，就接口嘲讽说："此乃煨糟陂里叔孙通所制礼也。"

刘邦刚建立汉朝时，功臣武将纷纷争功，经常吵闹，有一个儒生叔孙通帮助刘邦制定了朝廷的礼仪规章，叔孙通在后世成了礼制专家的代称。煨糟陂是北宋都城汴京西南十五里处的一个沼泽地，苏轼嘲笑程颐是乡巴佬式的礼制专家，只知拘泥教条，不知灵活运用，十分可笑。苏轼这样一说，在场的官员都哈哈大笑，程颐则又羞又恼，从此与苏轼结怨。以苏轼苏辙兄弟为代表的"蜀党"和以程颐为首的"洛党"之间，很快演变为新的"元祐党争"。这新的朋党之争与老的新法旧法之争纠结绞缠，为苏轼以后的命运埋下了伏笔。

很快，洛党就找到了机会，对苏轼报一箭之仇。元祐元年十月，苏轼作为翰林学士，负责学士院策试馆职的命题。御史朱光庭立即上章弹劾，说第一题《师仁祖之忠厚法神考之励精》意在讽刺前朝。其根据是考题中有一段话："今朝廷欲思仁祖之忠厚，而患百官有司不举其职，或至于媮；欲法神考之励精，而恐监司守令不识其意，流入于刻。"说这是讽刺仁宗皇帝（仁祖）"媮"（苟且），神宗皇帝（神考）"刻"（刻薄），紧接着洛党就有人交章攻击，要求惩办苏轼。

苏轼上章辩解说，"媮"和"刻"分明是指百官、监司和地方官领会不了仁宗和神宗的精神而产生的弊病，怎么能够曲解为讽刺仁宗和神宗呢？同时，苏轼说明了出题的实际操作：第一道题和第二道题都是邓温伯所出，自己只出了第三道题，三道题都由自己誊录后交高太后选择，太后点选了第三道题。高太后维护了苏轼，判断说："详览文意，乃是指今日百官有司、监司、守令言之，非是讥讽祖宗。"

但洛党和新、旧两党都不肯罢休，不断罗织罪名，苏轼似乎成了众矢之的。苏轼感到疲倦，多次上书，请求到地方任职，无奈高太后一直不予批准。元祐三年十月十七日，苏轼又上了一道长长的奏章，请求外任。在《乞郡札子》中，苏轼历数自己受到御史台谏官的诬告陷害之剧烈，并举汉宣帝朝盖宽饶和唐太宗朝刘洎两个忠臣为例，说他们分别得到汉宣帝和唐太宗的深深信任，最后却都因谗言而被杀。然后说："二臣之死，天下后世，皆言二主信谗邪而害忠良，以为圣德之累。使此二臣者，识几畏渐，先事求去，岂不身名俱泰，臣主两全哉！臣纵不自爱，独不念一旦得罪之后，使天下后世有以议君乎？"最后说："古人有言曰：'为君难，为臣不易。'臣欲依违苟且，雷同众人，则内愧本心，上负明主。若不改其操，知无不言，则怨仇交攻，不死即废。伏望圣慈念为臣之不易，哀臣处此之至难，始终保全，措之不争之地，特赐指麾，检会前奏，早赐施行。臣无任感恩知罪，祈天请命，激切战恐之至。"

乞求外任，不仅是为了保全自己，更是为了顾及太后和皇帝的清誉声名，说到这个份上，高太后终于答应了苏轼的请求。元祐四年三月，苏轼以龙图阁学士出任杭州知州。出京前，朝廷又一次颁下特殊赏赐：一对官袍，一条金腰带，一匹配有金镀银鞍子和辔头的骏马。已经出城，高太后又派内侍追来，赐龙茶和银盒，这是按照对待前宰相的规格特赐的荣赏。

不过，在杭州待了一年零八个月，苏轼就又被召回朝廷，任翰林学士承旨兼侍读，即给年幼的哲宗当老师。苏轼连上三道奏章请辞，说自己左臂麻木，双目视力模糊，而且弟弟苏辙已经担任尚书右丞，属于中枢部门，自己理应避嫌，不宜再进入翰林院这样的显要机构，希望朝廷让自己继续外任。高太后不答应，苏轼只好听命。

苏轼苏辙兄弟都青云直上，洛党感到了威胁，程颐的门人贾易勾结同伙，为了扳倒苏轼，使尽了构陷的手段，可谓无所不用其极，连苏轼在杭州治理西湖修筑苏堤，也被说成是供人游乐，徒然劳民伤财，"于公私皆无利益"。而其中最阴险的一招，是摘出苏轼的诗句，罔顾时空，断章取义，污蔑苏轼在听说神宗驾崩后喜出望外。这条罪名如果成立，苏轼兄弟就要遭杀头之罪了。苏轼只有上书自辩，于元祐六年七月二十八日上《乞外补回避贾易札子》，八月四日上《辨贾易弹奏待罪札子》，八月八日又奏《辨题诗札子》。

《辨题诗札子》对贾易的诬陷作了批驳。苏轼的辩词合情合理，得到了太后和一些正直大臣的认可，苏轼的政治清白才得到洗刷。结果诬陷苏轼的贾易和赵君锡被派往地方去任职，而苏轼希望外任的请求也再次得到批准，以龙图阁学士出任颍州知州。离开京城时，朝廷再次赏赐官衣一对，金镀银鞍辔骏马一匹。

元祐六年八月二十五日，苏轼到达颍州任所。在此也只停留半年，次年正月，移知郓州（今湖北安陆），又改知扬州，二月启程，三月二十六日到任，八月又以兵部尚书兼差充南郊卤簿使召回京城，十一月迁端明殿大学士、翰林侍读学士、礼部尚书，一直到元祐八年（1093）九月出知定州，苏轼达到了其一生仕途的顶峰。

颍州和扬州两任知州，都只有五六个月的时间，后来的定州任，也不过七个月就被贬谪。这前后三度知州任，虽然时间都不长，但苏轼并没有尸位素餐。

苏轼初到颍州，就遇到一个水利工程是该上马还是下马的决策问题。原来汴京患水灾，开沟渠引水入河，却导致陈州水患加重，为了解决这一问题，朝廷准备开掘八丈沟，把陈州的水引入颍水，再由颍水入淮河。这个方案是否可行，有两派意见，一派主张开沟引水，另一派认为不能开。苏轼有丰富的治水经验，组织专人作详细调查，于元祐六年十月向朝廷上了《奏论八丈沟不可开状》的奏表。

这封奏表是一份详细的水利工程可行性调查报告，论证充足。

由于苏轼的调查研究，挖掘八丈沟这项劳民伤财而并无实际作用的工程计划被停止了，原计划要用十八万民工、三十七万贯钱米，还有占用民田二十七顷八亩的费用，都被省下了。对颖州人民来说，这避免了沉重的负担。

颖州也有个西湖，欧阳修曾在此做知州，填过十首《采桑子》词赞美"西湖好"，但到苏轼来此，湖已接近干涸，所谓"东池浮萍半黏块，裂碧跳青出鱼背"。苏轼奏请朝廷，让留下来治理黄河的一万民工，治理颖州境内的沟渠，又利用这些人疏浚了西湖，修建了三座闸门，西湖恢复了美丽的风光，当地的农田水利也大大受益。这项工程还没有完工，苏轼就接到调令，好在颖州签判赵令畤（德麟）是苏轼的老朋友，苏轼调离后，工程继续，于元祐七年三月竣工。赵令畤写诗寄给苏轼，苏轼也写诗唱和，两首七言古风，一首七言绝句。

苏轼第一首古风的题目是《轼在颖州，与赵德麟同治西湖，未成，改扬州。三月十六日，湖成，德麟有诗见怀，次其韵》，诗中有这样的句子："太山秋毫两无穷，巨细本出相形中。大千起灭一尘里，未觉杭颖谁雌雄……二十四桥亦何有，换此十顷玻璃风。"《再次韵德麟新开西湖》中则有："西湖虽小亦西子，萦流作态清而丰。千夫余力起三闸，焦陂下与长淮通。十年憔悴尘土窟，清澜一洗啼痕空。"

除了治水，还有救灾。无论在颖州还是在扬州，苏轼都为救助贫苦的人民而竭尽心力。从颖到扬调任途中，一路上他目睹了人民的苦难，知道度过了灾年的农户根本没有偿还债务的能力，如果逼债，只能导致人口逃亡，农业生产破坏。苏轼向朝廷恳切上书，请求太后和皇帝免除农民的积年旧债。见有关官员拖拉，苏轼又一再上书，元祐七年七月，朝廷颁下诏令，免除了农民积欠的债务。

苏轼在扬州罢免了一年一度的芍药花会，减轻了百姓的负担，趁机敛钱的贪官和奸商满怀怨恨，人民则欢呼雀跃。更突出的政绩，则是解决了一个漕运的大问题。在《论纲梢欠折利害状》中，他向朝廷报告了扬州漕运的严重问题，提出了解决方案。原来扬州发运司过去听任驶船人私载货物，驶船人能获利益，就把官船作为自己的家对待，船或破损，随时修补，同时周济船夫，这样每年运官粮六百万石，损耗仅六七万石。后来扬州税务官严格检查，禁止捎运私货，还经常借口敲诈，驶船人无利可图穷困潦倒，就铤而走险偷盗官运粮米，甚至拆卖船板，导致官粮运输损失惨重。苏轼到任前一年，运四百五十万石粮，竟损失了三十多万石。朝廷采纳了苏轼的意见，使漕运恢复了正常。

从扬州任上得命回朝任高官开始，苏轼一直在递辞呈要求外任。元祐八年九月得到定州知州的任命，全称是以端明殿学士、翰林侍读学士充任河北西路安抚使兼马步军都总管，知定州军州事。但八月一日苏轼的第二位妻子王闰之去世，九月三日高太后薨逝。由于这些变故，苏轼迟至九月二十七日才离开京城去定州上任，十月二十三日到达任所。

定州是边防重镇，与辽国毗邻。如果说杭州、颍州和扬州主要是"文知州"，那么定州则偏重"武知州"。苏轼在定州的几个月表现卓越，显示出他确是"文武全才"。自从"澶渊之盟"后，宋朝上下一直苟且偷安，军备越来越松懈，骄将惰兵，不能打仗，却能扰民。历任知州也都睁一只眼闭一只眼，不愿深究。

苏轼走马上任，立即整饬军纪，修理军营，加强操练。

针对这种情况，苏轼"因事行法，无所贷舍"，采取严格措施，分别作了处理："其上件张全、田平等，皆已付狱按治。侵斫禁山人逐次举觉，依法勘断张德等九人。其多年侵耕已成永业者，别作擘画处置，申枢密院次，开柜坊人出榜，召人告捉。有王京等四十家，陈首改业，其余并走出州界。军民自此稍知有朝廷法令，逃军衰少，贼盗亦稀。"

另一方面，苏轼关心兵员的生活状况，派人调查，发现"营房大段损坏，不庇风雨……多是两椽小屋，偷地盖造，椽柱腐烂，大半无瓦，一床一灶之外，转动不得"。军人们"妻子冻馁，十有五六"，这种情况的造成，"盖是将校不法，乞取敛掠，坐放债负。身既不正，难以戢下，是致诸军公然饮博逾滥"。面对这种形势，苏轼左右开弓，兼施软硬："已体量得云翼指挥使孙贵，到营四个月，前后敛掠一十一度,计入已赃九十八贯八百文。已送司理院枷项根勘去讫。""已差将官李巽、钱春卿、刘世孙将带人匠,遍诣诸营,逐一检计合修去处,具合用材料人工,估见的确钱数。"

苏轼打击惩办了贪赃枉法的将官,又筹集款项修缮营房,改善军人们的生活条件,很快就稳定了军心,治理初见成效。但禁军的战斗力并不是一下子就能提高的,大规模操练演习,又怕引起临近辽邦的猜忌。苏轼统筹考虑,认为当地土著人自发成立的民兵组织弓箭社很有潜力,他又向朝廷上了《乞增修弓箭社条约状二首》,提出加强弓箭社的组织力量。

从这些谋划处置来看,苏轼不仅是一个文人、文官,而确有"会挽雕弓如满月,西北望,射天狼"的帅才将略。比如在他整饬军纪时,有一些下级吏员和士兵揭发上司的贪赃枉法,苏轼却并不鼓励,告诫说,这些事我会调查,但不能允许尔等密告长官,如果那样,军中将大乱而变生不测。所以他既惩办了贪赃的军将,也处罚了告密的下级,军心因此而稳定,这不就是所谓"军人的天职就是服从命令"这一铁则的具体实践吗?

春季,苏轼举行阅兵仪式,以加强正规化训练。军营中废弛已久,没有规矩,将官吏员军士之间的基本礼仪差别都不能操练,苏轼发布军令,让全军按照旧日典章制度接受检阅，元帅穿官服，端坐大帐正中，将和吏着军服听主将号令奔走执行，要求主从分明，庄重严肃。副总管王光祖骄傲自大，以老将自居，不把苏轼放在眼里，托病不来。苏轼毫不示弱，招来书吏，让他立即草拟奏章，弹劾王光祖不服从主帅，藐视朝廷。王光祖听说，不由得惊骇不已，赶紧跑来出席谢罪。苏轼的主帅威严立刻树立起来，全军无人再敢于松懈怠慢。

第3章

出世之逸与真

自昔怀幽赏，今兹得纵探：江山初味

如果我们只是翻阅苏轼的诗集和词集，也许会以为苏轼整天就是游山玩水，吟诗作赋，与友人聚会，谈禅讲道，完全不做正事似的。有了前面的叙述，自然不会再有这种错觉。但从另一方面说，苏轼的人生又的确是一种"诗意的栖居"，他对日复一日的普通生活，对自己接触的一草一木，一石一水，一屋一楼，日落月升，花开叶长，每天或闲或忙的日常事务，命运给予而遭遇的家人、邻居、朋友、同僚，都以一种诗意的眼光去观察，诗意的耳朵去聆听，诗意的

情怀去感受，诗意的态度去接纳、投入，并随时把这些观、聆、感、受写成诗词文赋，予以记录、咏叹和抒发，让这些转瞬即逝的"电光石火""梦幻泡影"变成美丽的文字而获得更恒久的生命。

这种"诗意的栖居"之所以可能，除了苏轼自身的天才和性情之外，当然也有它的历史文化和民族个性等因素的背景条件。古代的社会生活节奏比较慢。比如苏轼每次调任，往往要延宕几个月甚至一年半载，途中经常要见旧友会新朋，游览名胜古迹。地方官日常执行公务，也是张弛有度，常有探幽访胜和诗酒文会的余裕闲暇。

中国自古就是一个诗的国度，从《诗经》到《论语》，从楚辞到老庄，从儒家的"弦歌雅颂"到道家的"逍遥游"，乃至禅宗的"拈花微笑"，传统的社会、生活、思想、文化都浸淫着洋溢着浓郁的诗意，中华民族从来就是一个诗的民族，中华文化的传统本来就是诗的传统。

所以，苏轼在积极实践传统文化中"学而优则仕"那一层面，而为国、为君、为民建勋立业，汲汲入世立德、立功、立言的同时，又经常向往着，并一有机会就躬行着出世的率真超逸的人生，正是一个钱币的两面。

现在保存下来的苏轼最早期的诗集，是苏洵、苏轼和苏辙父子兄弟三人第二次离家赴京，一路所写的三人作品合集

《南行集》和《南行后集》。嘉祐四年（1059）十月从四川老家出发，次年二月抵达汴京。先乘船出岷江，入长江，穿三峡，十二月到达江陵后，再车辚辚马萧萧，从陆路北上。《南行集》为江陵前水行时作，《南行后集》为江陵后陆行时作。这两部诗集里，苏轼的诗共七十八首，水行作四十首，陆行作三十八首，四个月的行程，平均算的话，基本上隔日就有一或两首诗作。

此时苏轼还正是在少年意气风发的年龄，已经有功名在身，赴京待选，不管官职大小，总会有一个职位，应该说前途是光明的。但我们在苏轼此时期的作品中，读出的却是一份对自由隐逸的向往。

> 横云忽飘散，翠树纷历历。
>
> 行人挹孤光，飞鸟投远碧。
>
> 蛮荒谁复爱，秋秀安可适。
>
> 岂无避世士，高隐炼精魄。
>
> 谁能从之游，路有豺虎迹。
>
> （《过宜宾见夷中乱山》）
>
> 人生本无事，苦为世味诱。
>
> 富贵耀吾前，贫贱独难守。
>
> 谁知深山子，甘与麋鹿友。
>
> 置身落蛮荒，生意不自陋。

今予独何者，汲汲强奔走。

（《夜泊牛口》）

飞符御气朝百灵，悟道不复诵《黄庭》。

龙车虎驾来下迎，去如旋风抟紫清。

真人厌世不回顾，世间生死如朝暮。

学仙度世岂无人，餐霞绝粒长苦辛。

安得独从逍遥君，超世无有我独存。

（《留题仙都观》）

七十八首诗，不是赞叹自然、流连庙宇，就是咏怀旧迹、尚友古人，或者赏画听琴、咏雪醉酒，一派逸情真趣，没有一首和一句诗表现入世的雄心、济世的壮志。进入三峡是"高遁此心甘"，驶出三峡是"吾心淡无累"，奇丽雄伟的长江三峡让苏轼心旷神怡，却并未激发起万丈的豪情，或者追问宇宙究竟的迷思，他没有屈原发"天问"的形上玄想，没有李白"仰天大笑出门去"的狂热自负，也没有杜甫"巫山巫峡气萧森"的深幽远郁，却多了一份宋朝人随缘从时的真实和自然。苏轼的这种气质心向在《涑阳早发》中表现得格外清楚：

富贵本无定，世人自荣枯。

嚣嚣好名心，嗟我岂独无。

不能便退缩，但使进少徐。

我行念西国，已分田园芜。

南来竟何事？碌碌随商车。

自进苟无补，乃是懒且愚。

人生重意气，出处夫岂徒。

永怀江阳叟，种藕春满湖。

坦白地承认自己有"好名心"，并不能真正看破红尘，在随波逐流地追逐功名富贵，但内心的真切向往，是"种藕春满湖"的自由隐逸生活。

苏轼这种自然旷达的基本人生态度，使他不颓废也不躁进，对当下的生活、即时的生命、此在的际遇，较少消极地抱怨，而是积极地发现其中的美妙，营造更多的美妙。大自然的奇特秀丽，文物古迹的历史遗韵，普通生活的小趣味，他都对之兴致勃勃，随时能找到快乐，盎盎然地享受着、欣赏着。这是他此后的作品中一条一以贯之的主线。

在仕途的第一站凤翔府判官任上，他到任一个多月，就在住地修建了亭台，引水、挖池、栽树、种花，兴致极高："亭前为横池，长三丈。池上为短桥，属之堂。分堂之北厦为轩窗曲槛，俯瞰池上。出堂而南，为过廊，以属之厅。廊之两旁，各为一小池。三池皆引汧水，种莲养鱼于其中。池边有桃、李、杏、梨、枣、樱桃、石榴、樗、槐、松、桧、柳三十余株。又以斗酒易牡丹一丛于亭之北。"

对这处新建的小小亭园，他和弟弟苏辙次韵和答各二十一首小诗。北亭、横池、短桥、轩窗、曲槛、双池、荷叶、鱼、牡丹、桃花，以及李、杏等诸树种都各赋绝句一首。这些诗并不十分出色，却表现出苏轼对生活的满腔热爱。

对凤翔的各种文化古迹，他都探幽寻胜，并吟诗咏叹。如《凤翔八观》，包括《石鼓》《诅楚文》《王维吴道子画》《杨惠之塑维摩像》《东湖》《真兴寺阁》《李氏园》《秦穆公墓》。另一首诗题为《自清平镇游楼观、五郡、大秦、延生、仙游，往返四日，得十一诗，寄子由同作》。比如《李氏园》，记述游览唐末担任过凤翔节度使的李茂贞旧园，苏轼自注曰"李茂贞园也，今为王氏所有"，诗中通过对旧园的描写，表达历史的沧桑感。在他的笔下，李氏园幽独荒野，逸韵悠悠：

> 朝游北城东，回首见修竹。
>
> 下有朱门家，破墙围古屋。
>
> 举鞭叩其户，幽响答空谷。
>
> 入门所见伙，十步九移目。
>
> 异花兼四方，野鸟喧百族。
>
> 其西引溪水，活活转墙曲。
>
> 东注入深林，林深窗户绿。
>
> 水光兼竹净，时有独立鹄。

林中百尺松，岁久苍鳞皴。

岂惟此地少，意恐关中独。

小桥过南浦，夹道多乔木。

而最后的落足点，则是一种事功虚无超尘出世的意向：

我今官正闲，屡至因休沐。

人生营居止，竟为何人卜。

何当办一身，永与清景逐。

苏轼不是偶然一次来游玩，而是"屡至"。对此，清代的纪晓岚曾经评点说："不惟扫倒茂贞，乃并园字一齐扫倒，一篇累赘文字，忽然结至虚空，真为超忽之笔。""超忽之笔"的艺术空灵来自"虚空"的人生境界向往。

凤翔府签判任满后，苏轼回到朝廷，在朝中任官一年多，此时的作品与凤翔府判官任上的内容情调一脉相承。如：

蜀江久不见沧浪，江上枯槎远可将。

去国尚能三犊载，汲泉何爱一夫忙。

崎岖好事人应笑，冷淡为欢意自长。

遥想纳凉清夜永，窗前微月照汪汪。

（《和子由木山引水二首·其一》）

蓬瀛宫阙隔埃氛，帝乐天香似许闻。

瓦弄寒晖鸳卧月，楼生晴霭凤盘云。

共谁交臂论今古，只有闲心对此君。

大隐本来无境界，北山猿鹤漫移文。

（《夜直秘阁呈王敏甫》）

作为中央政府官员在朝廷直史馆值夜班，却以"大隐"自诩。白居易早有"大隐在朝市"的诗句，而"北山猿鹤"一句，用的是南齐孔稚圭《北山移文》的典故，是一篇嘲弄假隐士的名文。这里说"漫移文"，是反用其典，为"大隐"辩护，所谓亦官亦隐。苏轼人生"出处"的基本态度——一方面出仕参政，另一方面葆有"冷淡为欢意自长""只有闲心对此君"之相对超脱的思想意度，和后期的白居易是有某些声气相通的。值得注意的是，此时的苏轼还没有遭遇更多的宦海风波浮沉，其人生态度的范式却已经基本成形了。

此后苏洵去世，苏轼兄弟回乡守孝三年，守孝期间当然是不能吟诗作赋玩赏风月的。熙宁二年丁忧期满返朝，立即卷入变法与反对变法政治派系的争斗风波。此后苏轼屡求外任，在杭州、密州、徐州和湖州当地方官，履行行政职务的同时，每一地都留下了大量欣赏自然山水流连光景以及与文友唱和的诗词文章，正是其"诗意栖居"的自然呈现，而这些诗文中，最具有美学价值的，是以道禅文化为旨归，对自然山水和绘画音乐等艺术以及人情风俗的刻画、欣赏和沉醉。如前所述,在前任期满,奔赴新任的沿路途中,苏轼都不会放过那些名胜古迹,很多好作品就是在这种职务交接缝隙的时候产生的,因为此时旧的责任已经履行完毕,而新的职责还没有正式承担,从心灵来说,正处于一种最自由的"流浪"状态。

《游金山寺》《自金山放船至焦山》《甘露寺》等,都是奔赴杭州通判任而尚未到达目的地,旅途中观光游览的生动记录,《游金山寺》更是卓尔名篇:

> 我家江水初发源,宦游直送江入海。
>
> 闻道潮头一丈高,天寒尚有沙痕在。
>
> 中泠南畔石盘陀,古来出没随涛波。
>
> 试登绝顶望乡国,江南江北青山多。
>
> 羁愁畏晚寻归楫,山僧苦留看落日。
>
> 微风万顷靴文细,断霞半空鱼尾赤。
>
> 是时江月初生魄,二更月落天深黑。
>
> 江心似有炬火明,飞焰照山栖鸟惊。
>
> 怅然归卧心莫识,非鬼非人竟何物?
>
> 江山如此不归山,江神见怪惊我顽。
>
> 我谢江神岂得已,有田不归如江水。

如靴上皱褶一般的水面波纹,如鱼尾金鳞的片片晚霞,从日落到月升,再到月没而一片漆黑,忽然又似有炬火在黑暗中闪光，栖鸟惊飞，夜枭怪鸣，诗人对自然风景的微妙变化感受那么敏锐深刻，而描画得又那么别致优美，呈现出一双审美的眼，一颗诗感的心，而最后的意向是向自然虔诚皈依，慨叹自己没有隐居的经济条件，才不得已而在仕途上奔波宦游。

杭州一带的佳山秀水，名刹古庙，如径山、龙山、钱塘潮、灵隐寺、净慈寺，特别是西湖，给了苏轼无穷无尽的美的享受。春夏秋冬，朝午暮夜，阴晴雨雪，杭州的风光变化万千，而诗人的审美也随之感受多端。歌咏西湖的名篇佳句，最负盛名的就是把西湖比西子的绝唱。此外如：

毕竟西湖六月中，风光不与四时同。

接天莲叶无穷碧，映日荷花别样红。

（《西湖绝句》）

黑云翻墨未遮山，白雨跳珠乱入船。

卷地风来忽吹散，望湖楼下水如天。

（《六月二十七日望湖楼醉书五绝·其一》）

望湖楼上看湖，望海楼上观海，同样兴致勃勃，乐在其中：

海上涛头一线来，楼前指顾雪成堆。

从今潮上君须上，更看银山二十回。

（《望海楼晚景五绝·其一》）

碧山影里小红旗，侬是江南踏浪儿。

拍手欲嘲山简醉，齐声争唱浪婆词。

西兴渡口帆初落，渔浦山头日未敧。

侬欲送潮歌底曲？尊前还唱使君诗。

（《瑞鹧鸪·观潮》）

杭州特别是西湖在苏轼心中留下了永不磨灭的美好印象，当苏轼离开杭州后，仍然时常魂牵梦绕，有一首《怀西湖寄晁美叔同年》中这样咏叹：

西湖天下景，游者无愚贤。

浅深随所得，谁能识其全。

嗟我本狂直，早为世所捐。

独专山水乐，付与宁非天？

三百六十寺，幽寻遂穷年。

所至得其妙，心知口难传。

至今清夜梦，耳目余芳鲜。

在自然山水和历史文化中获得心灵的抚慰和人生的寄托，这种诗意的生存方式贯穿了苏轼的一生。他喜欢做地方官，而不太愿意在朝廷任职，除了政治上的原因之外，显然还因为在地方上能更自由随意，能更深度投入大自然和民间社会，而更符合自己的天性，从自然与文化中得到更多的美感享受，所谓"独专山水乐，付与宁非天"也。

密州生活比较贫苦，既没有杭州富饶，也没有杭州美丽，名胜古迹不多，而且灭蝗捕盗，政务繁忙，但苏轼诗意的生存方式并没有多大改变。在密州留下的诗词除了著名的《水调歌头·明月几时有》和两阕《江城子》（"十年生死两茫茫""老夫聊发少年狂"）词之外，还有不少与友人唱和的作品。而《超然台记》更是坦然叙述了在密州的心境和生活，可以说是苏轼人生观的生动写照。

余自钱塘移守胶西，释舟楫之安，而服车马之劳；去雕墙之美，而庇采椽之居，背湖山之观，而行桑麻之野。始至之日，岁比不登，盗贼满野，狱讼充斥，而斋厨索然，日食杞菊。人固疑余之不乐也。处之期年，而貌加丰，发之白者，日以反黑。余既乐其风俗之淳，而其吏民亦安予之拙也，于是治其园圃，洁其庭宇，伐安丘、高密之木以修补破败，为苟完之计。而园之北，因城以为台者旧矣，稍葺而新之。时相与登览，放意肆志焉。

南望马耳、常山，出没隐见，若近若远，庶几有隐君子乎？而其东则卢山，秦人卢敖之所从遁也。西望穆陵，隐然如城郭，师尚父、齐桓公之遗烈，犹有存者。北俯潍水，慨然太息，思淮阴之功，而吊其不终。

台高而安，深而明，夏凉而冬温。雨雪之朝，风月之夕，余未尝不在，客未尝不从。撷园蔬，取池鱼，酿秫酒，瀹脱粟而食之，曰：乐哉游乎！

方是时，余弟子由适在济南，闻而赋之，且名其台曰"超然"。以见余之无所往而不乐者，盖游于物之外也。

姜太公和齐桓公的"遗烈"已经很渺茫，淮阴侯韩信不能功成身退而遭杀身之祸更让人叹息。只有那些"隐君子"的流风余韵魅力无穷，因为他们"超然"——"游于物之外"，所以随时随地能发现生活的诗意和乐趣。苏轼深得其中滋味，因此即使到了穷僻之地，也治园修台，自得其乐，怡怡然，泰泰然，心态平和，身体康健，甚至白头发都变黑了。这里面可能有儒家的"孔颜乐处"，但更多的精神资源，显然是来自庄子和佛禅。

与《超然台记》相映成趣的，是在徐州写的《放鹤亭记》。徐州的一场大水灾，让苏轼尽显入世的能力，但作为人性的本质，还是如仙鹤一般的飘逸出世。放鹤亭是当地的一个"山人"张君之在水灾后搬家到地势更高的"东山之麓"，"升高而望，得异境焉，作亭于其上"，这个亭子弥补了四面山岭环绕的一处缺口，因此登上此亭则无限山景尽收眼底，随着四季变化，美妙无穷："春夏之交，草木际天；

秋冬雪月，千里一色。风雨晦明之间，俯仰百变。"张山人养了两只鹤，经常在山间放飞取乐："旦则望西山之缺而放焉，纵其所如，或立于陂田，或翔于云表"，放鹤亭的名目由此而来。

作为一郡的首长，苏轼却经常去访问"山人"张君之，其同道之情不言而喻。他向张君之抒发的思感情愫就是隐逸的天真可贵："子知隐居之乐乎？虽南面之君，未可与易也。《易》曰：'鸣鹤在阴，其子和之。'《诗》曰：'鹤鸣于九皋，声闻于天。'盖其为物，清远闲放，超然于尘垢之外，故《易》、《诗》人以比贤人君子隐德之士。"鹤就是隐逸的象征，但卫懿公好鹤则亡国，而刘伶、阮籍等避世之士喜欢鹤，却"以此全其真而名后世"。所以，苏轼作结论说："南面之君，虽清远闲放如鹤者犹不得好，好之则亡其国，而山林遁世之士，虽荒惑败乱如酒者犹不能为害，而况于鹤乎。由此观之，其为乐未可以同日而语也。"

隐逸之乐远胜君王，何况区区一官。可见，苏轼向往放逸天真是出乎性情，他的生活和人生，无论在朝在野，得意失意，诗意栖居的本色总是鲜活的。

萧然风雪意，可折不可辱：乌台诗案

苏轼从徐州调任湖州，上任三个月，就被锁拿回京，投入大狱。这就是"乌台诗案"。乌台即御史台，类似于今天的纪检监察公安法院等部门。之所以叫乌台，是因为汉代的御史台外面山上的柏树栖有许多乌鸦，而御史以弹劾挑错为职志，也可戏称为"乌鸦嘴"。这场灾难的背景是变法派的王安石第二次罢相，韩绛和吕惠卿也离朝，而保守派的元老们则或去世或退休或闭门不出，朝中的人事矛盾越来越成了官场上的利益争夺，只是打着变法和反变法的旗号而已。当时的两位丞相，一个是"三旨相公"王珪，只会说"请圣旨，得圣旨，传圣旨"，以揣摩皇帝心思并服从为准则而毫无作为，却极善于嫉贤妒能纵横捭阖打击异己，他排挤另一位丞相吴充，与参知政事蔡确，御史中丞李定，权监察御史里行（权即代理意，里行为见习意）何正臣、舒亶等互相勾结，对可能危及自己权位的人都虎视眈眈。

苏轼此时已经文名大盛，在徐州治水又得到神宗嘉奖、百姓拥护，对在朝掌权又无德无能的这些小人是巨大的隐患。他们早已暗暗窥察伺机而动，正好苏轼到湖州后按惯例向朝廷上谢恩表章，其中有这样的句子："知其愚不适时，难以追陪新进；察其老不生事，或能牧养小民。"

"新进"一词，从变法以来早已成了流行语，指因拥护当政者而被很快提拔其实投机无能的官员，苏轼说自己"愚不适时，难以追陪新进"，不仅明确表明了反对派立场，而且语含讥刺，在此时当权的朝官看来是公然的挑衅，说自己"老不生事"，等于说在朝的执政者都是"生事"的宵小之辈。

一场围剿苏轼的政治阴谋很快上演。何正臣首先发难，于六月二十七日上表，并附上一本正流行的苏轼诗集作为罪证。奏表中这样说：

> 苏轼《谢上表》，其中有言："愚不适时，难以追陪新进；老不生事，或能牧养小民。"愚弄朝廷，妄自尊大，宣传中外，孰不叹惊！夫小人为邪，治世所不能免，大明旁烛，则其类自消，固未有如轼为恶不悛，怙终自若，谤讪讥骂，无所不为。道路之人，则又以为一有水旱之灾，盗贼之变，轼必倡言归咎新法，喜动颜色，惟恐不甚。今更明上章疏，肆为诋诮，无所忌惮矣。夫出而事主，所怀如此，世之大恶，何以复加。

七月二日，又有两封弹劾苏轼的表章奏上，作者是舒亶和李宜之。

再过一天，七月三日，李定也上表弹劾苏轼，给苏轼罗织了四大罪名，最具敌意，务置苏轼于死地而后快：

> 轼先腾沮毁之论，陛下稍置之不问，容其改过，轼怙终不悔，其恶已著，此一可废也。古人教而不从，然后诛之，盖吾之所以俟之者尽，然后戮辱随焉。陛下所以俟轼者可谓尽，而傲悖之语，日闻中外，此二可废也。轼所为文辞，虽不中理，亦足以鼓动流俗，所谓言伪而辨。当官侮慢，不循陛下之法，操心顽慢，不服陛下之化，所谓行伪而坚。言伪而辨，行伪而坚，先王之法当诛，此三可废也。……陛下修明政事，怨不用己，遂一切毁之，以为非是，此四可废也。

这封奏章的刻毒之处，是处处把苏轼放到神宗皇帝的对立面，构陷苏轼对皇帝本人深具怨恨，以激发起神宗的愤怒。李定之所以对苏轼如此衔恨，据《东轩笔录》记载，是因为李定在母亲去世后匿丧不报，不辞官守孝，而苏轼为士大夫写的赞美朱寿昌寻母得母诗作序，"讥激世人之不养母者，李定见其序，大惋恨，会定为中丞，劾轼尝作诗谤讪朝廷，事下御史府鞫劾"。这篇序并不见于传世的苏轼诗文集，但苏轼自己的确写有赞美朱寿昌寻母得母的诗。

四封弹劾苏轼的奏章叠上，神宗于是下诏旨："送御史台根勘闻奏。"李定是御史中丞，立刻选派太常博士皇甫遵带人去湖州抓捕苏轼。另一方面，与苏轼友好的神宗妹夫驸马都尉王诜得知后，派人密报在南京的苏辙，苏辙赶紧派人去湖州告诉苏轼。皇甫遵带着儿子和两个衙役本来走得很快，但走到润州时其子生病求医而耽搁了半天，所以苏辙的人先到，苏轼预先知道了消息，他把公务交副手祖无颇代理，惶恐等候。

皇甫遵到湖州后，径入知州衙门，身穿公服，手执笏板，威严地站在庭院中，两个白衣青巾的衙役站立两旁，目露凶光，整个府衙的人都不知道会有什么灾祸降临。苏轼和祖无颇商量后，仍然穿朝服持笏板出来站立庭院。衙役怀中揣的公文鼓起，好像是匕首，而皇甫遵半天一言不发。苏轼以为自己会被处死，就说："我让朝廷恼怒的事情很多，今天一定是赐我死，请求让我回里面和家人诀别。"皇甫遵这时才说："还不至于这样。"祖无颇就问："您一定有公文吧？"皇甫遵问："你是谁？"祖无颇回答："我是代理知州。"皇甫遵这才把公文交给他。祖无颇打开公文看了，见只是让带苏轼回朝接受审查的文字，才舒了一口气。皇甫遵催促苏轼即刻上路，两个衙役立马上前把苏轼左右挟持，不容分说，出城登船。

长子苏迈陪同父亲赴京，苏轼的家人哭成一团，苏轼在紧要关头仍不失天生的幽默，对哭天抹泪的夫人说，真宗曾到泰山封禅，返回途中寻访隐居的贤者，有一个杨朴被发现。真宗问杨朴会不会作诗，杨朴说不会。真宗又问他这次行前有人写诗送他没，杨朴回答说没有，只有他的妻子写了四句送他："且休落魄贪杯酒，更莫猖狂爱咏诗。今日捉将官里去，这回断送老头皮。"真宗听了大笑，放杨朴回家，让他一个儿子做官。你不能也像杨处士的妻子一样写一首诗送我吗？夫人听了丈夫的话，不由得破涕为笑。这时，全城的百姓早已知道了消息，都跑出来哭着送别他们的太守。这就是宋孔平仲《孔氏谈苑》所谓"顷刻之间，拉一太守如驱鸡犬"。

为了安慰妻子，苏轼笑语解颐，其实他当时心情十分沉重，以为自己将被判死罪。在后来写的《杭州召还乞郡状》中说到这次被逮："定等选差悍吏皇遵（即皇甫遵），将带吏卒，就湖州追摄，如捕寇贼。""臣即与妻子诀别，留书与弟辙，处置后事，自期必死。"所以在进京的途中，船走到太湖鲈香亭下时，需要修理船舵而停泊，那一夜月明风紧，看着滚滚波涛，想到自己将受审讯，被刀笔吏和狱卒折磨，苏轼曾想跳江自杀。但一来押送人员看守得很紧，二来转念一想，自己一死，全家人都要受到拖累，这才打消了轻生的念头。

后世的研究者曾十分慨叹，说如果这一次苏轼真的自杀了，那么后世人将不会读到前、后《赤壁赋》等一千多篇美文，《荔枝叹》等一千多首好诗，《念奴娇·赤壁怀古》等二百多阕佳词，而被元人鲜于枢称为"天下第三行书"的《黄州寒食诗帖》和现收藏于日本的《枯木怪石图》等艺术品也不可能存在了，连"东坡肉"这道名菜也不会有了。

苏轼终于没有自杀，其实和他那一贯的超脱潇洒的人生态度，性情中放逸出世的那一层面有很大关系。

到京城后，苏轼立即受到御史台的审问。以李定为首的御史们对苏轼的诗文等著作搜罗爬梳，寻找罪证，共涉及诗歌八十三题、一百十七首，叙记、书札十五篇，表启一篇，他们从中摘出七八十处，说苏轼讥刺新法，诽谤朝臣。对这些，苏轼有口难辩，因为他的一些诗作确实正如苏辙《亡兄子瞻端明墓志铭》中所说"缘诗人之义，托事以讽，庶几有补于国"，内含政治讽喻，从变法派的立场看，就是恶意攻击的政治问题了。不过，御史们从一首诗中罗织的罪名，苏轼却绝不承认。是首什么诗呢？

凛然相对敢相欺，直干凌空未要奇。

根到九泉无曲处，世间惟有蛰龙知。

（《王复秀才所居双桧二首·其二》）

这本来是一首写桧树的咏物诗，御史们却硬说"龙"是指皇帝，把"飞龙在天"的皇帝说成藏于九泉之下的"蛰龙"，是苏轼"不臣之心"的表露。如果承认了这个罪名，那可就罪大恶极必死无疑了。苏轼针对御史"蛰龙有无讽意"的汹汹斥问，镇定地回答说，王安石的诗中有"天下苍生待霖雨，不知龙向此中蟠"，我诗里的"蛰龙"，就是此龙。

李定等想把苏轼整死，但神宗皇帝对苏轼却存有惜才之心。苏轼在天牢中的几个月，曾遭遇一场虚惊。进入御史台的牢狱后，苏迈每天在亲戚家做好饭送到狱中。苏轼和苏迈暗暗约定，送青菜和肉，表示情况正常，送鱼，则表示将被处死。有一次苏迈出城借贷，托亲戚给苏轼送饭，亲戚想给苏轼改善一下生活，在菜上放了一尾烹调精致的鲜鱼，苏轼一看不由得惊呆了，以为自己已经被判死刑。他想到家人，特别想到弟弟，兄弟一起长大，一起考试得中，一起经历宦海浮沉，经常互相唱和诗词，其亲密笃厚的情谊绝非一般的兄弟可比。家事是早在湖州被逮时就写信嘱托了，现在可能即将生离死别，苏轼提笔写了两首诗给苏辙作为绝笔，交给狱卒梁成，托他转交苏辙，诗的题目是《予以事系御史台狱，狱吏稍见侵，自度不能堪，死狱中，不得一别子由，故作二诗授狱卒梁成，以遗子由，二首》：

一

圣主如天万物春，小臣愚暗自亡身。

百年未满先偿债，十口无归更累人。

是处青山可埋骨，他时夜雨独伤神。

与君今世为兄弟，又结来生未了因。

二

柏台霜气夜凄凄，风动琅珰月向低。

梦绕云山心似鹿，魂惊汤火命如鸡。

眼中犀角真吾子，身后牛衣愧老妻。

百岁神游定何处，桐乡知葬浙江西。

临死还要颂扬"圣主如天万物春"，把获罪被杀归咎于自己的"愚暗"，是"自亡身"，这当然是那个历史时代士人思想的习惯性表达，但也不排除是苏轼想借此诗打动神宗，作垂死挣扎的努力。

神宗对如何处置苏轼其实也心情复杂，他爱惜苏轼的人才，但也不能不支持变法派，对反对新法的势力过于宽待。此时，要置苏轼于死地和营救苏轼的两股力量正在较劲。李定、舒亶等频上奏章，要求严惩苏轼，舒亶更气势汹汹地质问，苏轼"公为朋比，可置而不诛乎?"另一方面，苏辙早已上表章，声泪俱下地表示愿意解除自己的官职为兄赎罪，虽已退休但颇有影响的前吏部侍郎范镇也上书营救，特别是已退居江宁的王安石，并不计较苏轼曾是自己的政敌，向神宗上书，派人急驰送往京师，在上书中说："安有圣世而杀才士乎！"宋太祖曾传下祖训"不得杀士大夫与上书言事人"，对于以明君自许的宋神宗当然不会不顾及自己的历史声誉。所以当宰相王珪以苏轼的《王复秀才所居双桧》挑拨神宗说苏轼以"蛰龙"暗指皇帝而大不敬时，神宗就回答说：诗人写诗不能随便引申，他写桧树，与我何干。

另一位宰相吴充，曾巧妙地问神宗认为魏武帝曹操如何，神宗说此人不值得评论。吴充就趁机说，陛下以尧舜为楷模，当然看不上魏武帝，但魏武帝还能容忍击鼓骂曹的祢衡，陛下难道不能容忍写诗的苏轼吗？神宗听了讽喻，回答说朕并没别的意思，只是想弄清事实真相和是非，会很快释放他的。

仁宗的曹皇后是神宗的祖母，此时患病，神宗去问候，太皇太后对神宗说，当年制科选拔出苏轼和苏辙兄弟，仁宗皇帝曾兴奋地说为子孙选了两个好宰相，苏轼现在获罪可能是仇人诬陷，从诗里找罪名，可见不是什么大罪。当太皇太后病重，神宗要大赦天下为她祈福，她说，不必释放那些凶犯，只把苏轼放了就可以了。

更难能可贵的是，湖州和杭州的百姓，都自发地为苏轼举行解厄道场，显示了民心的向背。

还有两三件逸事也值得一提。一是名臣张方平，当年任益州知州时就热情推荐过年轻的苏轼兄弟，此时已经从副宰相的位置上退休，却写了一封奏札营救苏轼，他把奏札交给南京官方邮递，官府怕事不肯接受，张方平又让自己的儿子张恕亲自去京城登闻鼓院投递上呈皇帝。此信最终没有投出，因为张恕性格懦弱，在登闻鼓院门外徘徊很久，也终于未敢投递。不过没有投递其实对苏轼来说是件好事，因为奏札中说苏轼是天下奇才，"独以名太高，与朝廷争胜耳"，这样的话只能激起神宗和那些构陷苏轼的小人的愤怒。

另一件逸事是写了《梦溪笔谈》的沈括，则有不好的记录。沈括本来和苏轼在馆阁时就是同僚，关系很熟，苏轼任杭州通判时，神宗派沈括任察访使出巡两浙，沈括到杭州后，苏轼和他不设防地谈话，并念诵自己的诗作给他听。沈括要求苏轼给自己亲自抄录一卷诗，回朝后他对这些诗予以指摘批评，写成小纸条粘到诗上，进呈给神宗，说苏轼的诗作反对新法，讽刺朝廷。而到了元祐年间，苏轼作杭州知州时，沈括在润州谪居，他又对苏轼特别逢迎和殷勤。

神宗最后决定释放苏轼，据说和一次夜探有关。有一天苏轼熄灯就寝后，半夜里牢门忽然打开，有一个人进来，把一个箱包向地上一丢，然后倒头睡下。苏轼那天很困，朦胧中想可能是新来的囚犯，就毫不理会只管呼呼睡觉，一会儿就打起鼾来。到天快亮时，苏轼忽然觉得有人把自己摇醒，并说："贺喜学士!"苏轼仍然睡眼惺忪，问有什么事，只听那人说：你安心睡吧。原来此人是神宗派来的一个小太监，秘密探察苏轼在监狱中是否心安理得。小太监回宫向神宗报告，苏轼在狱中一夜睡态可掬，鼾声如雷。神宗听了很高兴地说，朕早知道苏轼胸中无事。这也许有些偶然的机缘，但追根究底，其实苏轼那真率旷达超逸的性情，才是使他坦然面对逆境的根本内因。

在整整囚禁了一百三十天以后，苏轼灾满出狱，被贬为检校水部员外郎、黄州团练副使，本州安置，不得签书公事，其实就是流放到黄州监视居住。受此案牵连，故相之子王巩（字定国）和驸马王诜受罚最重。王巩从秘书省正字贬为岭南宾州（今广西宾阳）盐酒税务，他收存的苏轼"讪谤诗文"最多。王诜被革除一切官职爵位，他作为国戚，却向苏辙暗通消息，又和苏轼来往最密切，不仅多次予以经济资助，也保留了不少苏轼的"讪谤诗文"。苏辙被从应天府（今河南商丘）贬往偏远的筠州（今江西高安）任盐酒税务，张方平和李清臣被罚铜三十斤，司马光、范镇、黄庭坚、曾巩等二十人罚铜二十斤，他们获罪的原因，都是和苏轼来往过从，并且不主动上交收受保留的苏轼讥刺朝政的诗文。

这一次牢狱之灾，使苏轼超逸出世的思想感情倾向进一步强化，他为纪念出狱而写的两首诗，把这种精神状态表达得十分清晰：

一

百日归期恰及春，余年乐事最关身。

出门便旋风吹面，走马联翩鹊啤人。

却对酒杯浑是梦，试拈诗笔已如神。

此灾何必深追咎，窃禄从来岂有因。

二

平生文字为吾累，此去声名不厌低。

塞上纵归他日马，城东不斗少年鸡。

休官彭泽贫无酒，隐几维摩病有妻。

堪笑睢阳老从事，为余投檄向江西。

从黑暗的牢狱中走出来，感到迎面而来的春风多么亲切，自由飞翔的鹊鸟多么让人羡慕，不堪回首的一百多天，真像一场噩梦，但一出来又感觉文思泉涌走笔如神了。塞翁失马，焉知非福，经历一次磨难，已经成熟许多，此后再也不会与那些斗鸡走马的纨绔子弟为伍。隐居桃花源的陶渊明和佛教的维摩诘居士从此就是自己的榜样。最可叹的是弟弟苏辙无端受了自己连累，被贬到偏远的江西去了。所谓"城东不斗少年鸡"其实是隐指李定等小人，而一句"试拈诗笔已如神"，那对自己才情的自信自赏，以及对因诗文贾祸的轻蔑，又情不自禁地流露于笔端。苏轼就是苏轼！

至今行吟处，尚余履舄痕：黄州犯官

元丰三年（1080）正月初一，苏轼由长子苏迈陪同，在御史台差役的监押下，离开了京城，前往贬地黄州。正值春节，开始贬逐之旅，当是别有一番滋味在心头。他是犯官，不能像过去那样随便绕道探亲访友，而苏辙虽然也被贬职去筠州，却可以相对自由行动，因此苏轼在初四到达去黄州必经的陈州，而苏辙于初十赶到，兄弟商量如何安顿两家人的生活。他们是在文同家会面的，文同是苏轼的老朋友，也是表兄弟，一年前刚在陈州去世，家人正准备扶柩归返蜀地老家。文同的四儿子文逸民是苏辙的女婿，因此两家又是儿女亲家。

兄弟聚首三天，十四日，苏轼告别苏辙与文家，继续前往黄州。分手之际，苏轼给文逸民和苏辙分别写了一首诗。给文逸民的七律是一般的赠别感慨，所谓"此身聚散何穷已，未忍悲歌学楚囚"。赠苏辙的五言古风则缠绵悲慨，抒发了经历入狱风波后的心情和思想变化：

别来未一年，落尽骄气浮。

嗟我晚闻道，款启如孙休。

至言难久服，放心不自收。

悟彼善知识，妙药应所投。

纳之忧患场，磨以百日愁。

冥顽虽难化，镌发亦已周。

平时种种心，次第去莫留。

孙休一句，是用的《庄子·达生》中的典故，孙休是个平凡的人，智者扁子给他讲超凡脱俗的大道，他不太明白。款启，是见识浅薄的意思。苏轼反思自己原来骄傲浮躁，思想放荡不羁，所以命运才施以百日的磨难，正是对症下药。经过这次锻炼，虽然自己冥顽不灵，总还是有些收获，把过去的许多想法都改变了。

显然，乌台诗案的遭遇让苏轼更向道家和佛家的思想情怀靠拢了。这在沿途所写的另一些诗作中已有反映，如："不如闭目坐，丹府夜自曒。谁知忧患中，方寸寓羲轩。""吾生如寄耳，初不择所适。但有鱼与稻，生理已自毕。""不悟俗缘在，失身蹈危机。刑名非夙学，陷阱损积威。遂恐生死隔，永与云山违。今日复何日，芒鞋自轻飞。"

前往黄州途中，在湖北麻城转入岐亭大约二十里的地方，苏轼遇到了陈慥（字季常）。见到这位十多年未见面的老朋友，苏轼十分欣喜。陈慥的父亲陈希亮（字公弼）曾是苏轼的顶头上司,那是苏轼任凤翔府判官的第二年,知府换人,宋选去职,陈希亮取代。而苏轼与第二任上司的关系,远没有与第一任融洽。陈希亮性格冷峻,作风严肃,对苏轼不像宋选那样宽待。苏轼起草的祈祷、斋醮一类小文章,陈希亮总是一改再改,令苏轼不得不多次往返才能定稿。府吏中有人称苏轼"苏贤良",陈希亮斥责说:"府判官何贤良也!"让苏轼很没面子。苏轼前往谒见,陈太守很久不出来,苏轼只有独坐冷板凳,十分尴尬。中元节假日,同僚聚会苏轼缺席,陈希亮予以按察处分,苏轼被罚铜八斤。不过,陈希亮的用心其实是好的,他认为苏轼年轻入仕,暴得大名,应该杀杀锋芒锐气,以免骄傲。苏轼后来在《陈公弼传》中说:"轼官于凤翔,实从公二年。方是时,年少气盛,愚不更事,屡与公争议,至形于颜色,已而悔之。"

不过,尽管苏轼当时与陈希亮不太融洽,却和陈希亮之子陈慥成为莫逆之交。陈慥是陈希亮四子中最小的一个,可能因为是小儿子,父母溺爱,管束不严,因此性情豪放,"使酒好剑,用财如粪土",走马射猎,挟妓浪游,活脱一个"纨绔子"。年轻的苏轼和陈慥很是投机,互相以当世豪杰期许。如今十几年过去,陈慥已经脱略形迹,成了一个慕道的隐士。苏轼在陈慥家连住五日,才前往黄州。岐亭离黄州不远,从此,陈慥和苏轼经常互相访问。

苏轼来到黄州，拜见了知州徐君猷后，就与苏迈住进了一所寺庙定慧院中，和庙里的僧人们一起用餐，每月一次和僧人们一起去城南的安国寺洗澡沐浴，洗去的似乎不仅是身上的污垢，而是心中的世俗之念。他在《安国寺浴》中写道："尘垢能几何，倏然脱羁梏。披衣坐小阁，散发临修竹。心困万缘空，身安一床足。岂惟忘净秽，兼以洗荣辱。"他的薪金是官府用过的酒袋顶替，还得自己把酒袋折价变卖换成现金。既然"不得签书公事"，当然也就无事可做。一天到晚和僧人们厮混，佛教的影响日深，出世的思想也更重了。他有时在夜里走出去踏月，自我调侃说"幽人无事不出门，偶逐东风转良夜"。

过了几个月，苏辙护送哥哥的家眷到达黄州，苏轼不能再住在寺院里了。这时正在鄂州做知州的老朋友朱寿昌伸出了援手，把长江边的一座官府水上驿站临皋亭借给苏轼一家居停，苏家上下共有二十多口人，虽然拥挤一些，总算有个避风雨之所了。但这么多人要吃饭，经济困难又让苏轼感到很大压力。在《迁居临皋亭》一诗中，苏轼这样自况：

我生天地间，一蚁寄大磨。

区区欲右行，不救风轮左。

虽云走仁义，未免违寒饿。

剑米有危炊，针毡无稳坐。

岂无佳山水，借眼风雨过。

归田不待老，勇决凡几个。

幸兹废弃余，疲马解鞍驮。

全家占江驿，绝境天为破。

饥贫相乘除，未见可吊贺。

澹然无忧乐，苦语不成些。

一方面是"饥贫相乘除"的窘境，另一方面是"绝境天为破"的庆幸，终于能"澹然无忧乐"而超脱面对，道禅思想的精神资源无疑起了作用。同时，也要客观地承认，苏轼的生活困境只是相对而言，比起当地的贫苦人民来，还是要优裕许多，并没有到了断炊的地步。黄州的民风淳朴，物价低廉，买一斗米仅用二十文钱，鱼虾等水产品更是非常便宜，购买时连价钱也不必讲。虽然俸禄变得很少，但苏轼有一些积蓄，地方官照顾他，还不时有朋友帮助，这时只是不能像过去那样毫无计划地随心所欲，而要量入为出。他定下消费标准，每日不能超过一百五十钱，在每月的初一拿出四千五百钱，分成三十等份，全悬挂到屋梁上，每天拿叉子挑下一挂钱，用不完的放到一个大竹筒里，作为机动费用招待客人。估计自己的积蓄还可以支撑一年，到时候再想办法，车到山前必有路。

苏轼是大名人、大文化人，知州徐君猷对他很友善。过寒食节，知州属下都得到一份新火（燃用木材），苏轼也没有被遗忘。苏轼有了稀罕东西，也送给徐太守。有一首诗名为《太守徐君猷、通守孟亨之，皆不饮酒，以诗戏之》，苏轼虽是"犯官"，却和"监管"他的当地官员戏谑玩笑："孟嘉嗜酒桓温笑，徐邈狂言孟德疑。公独未知其趣尔，臣今时复一中之。"用同姓氏的古人徐邈和孟嘉比喻徐君猷和孟亨之。而《浣溪沙》词则有小序："十二月二日雨后微雪，太守徐君猷携酒见过，坐上作《浣溪沙》三首，明日酒醒，雪大作，又作二首。"鄂州太守朱寿昌也时时往来关心。

在朋友的帮助下，苏轼在到达黄州一年后，得到一片五十多亩的废弃营地自行开垦种植，以补助维持生活。这块土地在郡城东门外小山坡上，苏轼自号东坡居士，苏东坡从此成为苏轼最流行的称谓。如果追根溯源的话，这是效仿唐朝诗人白居易，白氏在任忠州刺史时，就曾在当地东坡躬耕种花，并写有《步东坡》等诗。苏轼此际的心境，和写作大量"闲适诗"时期的白居易十分接近。

从元丰四年（1081）二月始，苏轼带领全家人开始在东坡劳作，一些平民友人也来帮助，不久，就满地绿叶扶疏，金谷摇曳。坡地上还栽种了桑树、栗树、松树，甚至还有友人远道送来的橘子树。后来苏轼又向一位僧人求要茶种，种植茶树。一年后，东坡成了一个美丽的庄园，苏轼在此盖了五间房子，居住问题也解决了。房子虽然简陋，苏轼兴致勃勃地在正厅的四壁画上雪景，名之为雪堂。苏轼在《东坡八首》中详细记录了全家开垦东坡的情景，既有"端来拾瓦砾，岁旱土不膏，崎岖草棘中，欲刮一寸毛"之初垦时的辛苦，也有"家僮烧枯草，走报暗井出"的惊喜，更有农作生活的自然快乐："种稻清明前，乐事我能数。毛空暗春泽，针水闻好语。分秧及初夏，渐喜风叶举。月明看露上，一一珠垂缕。秋来霜穗重，颠倒相撑拄。但闻畦陇间，蚱蜢如风雨。"

此时此刻的苏轼，生活状态真和陶渊明十分接近了。他把陶渊明的《归去来兮辞》改写成一阕《哨遍》词，还写了不少表现田园生活的诗：

去年东坡拾瓦砾，自种黄桑三百尺。

今年刈草盖雪堂，日炙风吹面如墨。

平生懒惰今始悔，老大劝农天所直。

沛然例赐三尺雨，造物无心恍难测。

四方上下同一云，甘霪不为龙所隔。

蓬蒿下湿迎晓来，灯火新凉催夜织。

老夫作罢得甘寝，卧听墙东人响屐。

（《次韵孔毅父久旱已而甚雨三首·其二》）

男耕女织，一家人真正过上了朴实踏实的农家生活，劳

101

作有益于健康，连睡觉也变得更香了。有一次家里的耕牛患了病，请来的兽医治不了，束手无策，苏夫人王闰之到牛棚看了后说牛得了豆斑疮，喂青蒿粥可以治疗，家人如法炮制，果然见效。苏轼后来给朋友写信很高兴地提到此事。

他和儿子联句，和朋友唱和，和形形色色的来访者谈笑，或独自漫步，或结伴而出，月下花前，山间水畔，到处留下他的足迹，他"诗意的栖居"越发本色自然了。

此时苏轼的交游比过去更富有了特色。受自己牵连而被贬谪的老朋友王巩等常来简寄诗，互相唱和，京城和杭州的朋友也时有书信往来。还有子侄亲友特意远道而来探访。住在麻城岐亭的陈慥；长江对岸武昌东湖的王齐愈、王齐万兄弟，祖籍也是四川，更是时常走动。有豪侠之名的陈慥来访，当地的高门富户争相结交，他却只待在苏轼家里诗酒流连。苏轼的一首诗名为《陈季常自岐亭见访，郡中及旧州诸豪争欲邀致之，戏作陈孟公诗一首》，其中说："忽然载酒从陌巷，为爱扬雄作《酒箴》。长安富儿求一过，千金寿君君笑唾。"

苏轼喜欢武昌的山川形胜，常常扁舟一叶就到了武昌，遇风雨就居停在王家，王齐愈、王齐万兄弟热情招待，情投意合。后来苏轼离开黄州临行前，还写信给王齐愈，万分感慨："本意终老江湖，与公扁舟往来，而事与心违，何胜慨叹！计公闻之，亦凄然也。甚有事欲面话，治行殊未集，冗迫之甚，公能两三日间特一见访乎？至望！至望！"

而与一些别具个性的异人奇士的交游，更让苏轼的生活变得丰富多彩。比如马梦得（字正卿），是和苏轼同年同月生人，终身未仕，早在苏轼凤翔府当通判时即已结识，交谊已经长达二十年。这时又来到黄州追随苏轼，东坡的营地就是他出面奔走营求而得到的。《东坡八首》的最后一首，就写这位特别的朋友，语气中充满了亲切诙谐：

> 马生本穷士，从我二十年。
>
> 日夜望我贵，求分买山钱。
>
> 我今反累君，借耕辍兹田。
>
> 刮毛龟背上，何时得成毡。
>
> 可怜马生痴，至今夸我贤。
>
> 众笑终不悔，施一当获千。

还有几位奇人曾长住苏家。一个是四川绵竹武都山道士杨世昌，擅长鼓琴吹箫，丹青山水，对天文历算医卜星相等无所不知，活脱就是后来通俗小说中所描写的"高人"，除了谈天说地游山玩水，苏轼还向他学习炼丹和酿蜜酒之术，他在苏家住了整整一年。《前赤壁赋》中所写的那位和苏轼对讲哲理，"吹洞箫者，倚歌而和之。其声呜呜然，如怨如慕，如泣如诉，余音袅袅，不绝如缕"的"客"，就是这位杨道士。

另一位是巢谷（原名毂，字元修），也是四川老乡，更是重义轻生，奇思诡行，青年时赴京考进士，见武艺有趣，就弃文学武，却并未考中武举。他投到熙河名将韩存宝麾下，得到韩的赏识，传授给他兵书兵法。元丰四年一次军事行动中，韩存宝因逗留不进贻误战机获罪，自忖必死，私下请求巢谷把积蓄的几百两银子送给自己在外地的妻儿。这是违法的事，但巢谷敢作敢当，改名换姓，怀揣银两徒步跋涉，终于把银子交到了韩的儿子手中。然后他在长江、淮河一带逃匿隐藏，听说苏轼被贬黄州，他又来到黄州看望。苏轼就留他在家坐馆，教次子苏迨和三子苏过读书。巢谷为人有虎气，对十四岁的苏迨和十二岁的苏过非常严厉。他也在苏家住了一年才返回蜀地。巢谷还下厨房做四川的家乡菜，让苏轼十分享受，因此作了一首诗《元修菜》。苏轼在另一首赠巢谷的诗中说：

> 春雨如暗尘，春风吹倒人。
>
> 东坡数间屋，巢子谁与邻。
>
> 空床敛败絮，破灶郁生薪。
>
> 相对不言寒，哀哉知我贫。
>
> 我有一瓢酒，独饮良不仁。
>
> 未能赪我颊，聊复濡子唇。

故人千钟禄，驭吏醉吐茵。

那知我与子，坐作寒蛰呻。

努力莫怨天，我尔皆天民。

行看花柳动，共享无边春。

（《大寒步至东坡赠巢三》）

以"天民"相喻，正表现了两人不怨天、不尤人、不汲汲于富贵而安贫乐道超凡脱俗的隐逸情怀。

不久，从杭州又来了一位诗僧道潜，还来了一位庐山的琴师崔闲，后来更来了一个赵吉，是从苏辙任所筠州来的，自称已经一百二十七岁，破衣蓬发，形象怪异，他指点苏辙养生之法有效，所以请求苏辙写了一封信，到黄州来找苏轼。苏轼此时正对养生兴趣浓郁，也热情接待了他。苏轼此时就是一介平民，完全深入了民间，和普通民众交往融洽。他性格开朗幽默，极有亲和力，几乎每天不是有客来访，就是自己出去找人闲谈，有的人无话可说，苏轼就让他讲讲鬼故事，对方说鬼故事也不记得，苏轼甚至说那你就胡乱编一个，大家都哈哈大笑。

苏轼在黄州的几年，虽然生活清苦了一些，却获得了实实在在的闲散心态，儒、道、佛三教方家，乃至艺术、养生等各种民间奇人，都成了苏轼的朋友，使他的思想、性情、兴趣、爱好等都有了空前的开拓。他不仅吟诗填词，撰文写字作画，抚琴吹箫，而且谈禅讲道，赏花种树，甚至炼丹养气，研究并实践养生和美食烹调，真成了艺术的生活，生活的艺术。

另一方面，苏轼并没有完全忘却世事，仍然关心着国家和人民的命运。元丰四年西北打了胜仗，苏轼写了《闻洮西捷报》诗。他和当地的文士潘丙、古耕道、郭遘等朝夕相处，经常一起出游。黄州人有溺婴的不好习惯，他们就发起组织育儿会，向本地富户募捐，要求每户每年出十千钱，用以购买婴儿出生的必备用品，帮助那些无力养育孩子的人家，由郭遘管理募款，安国寺僧继连管账。苏轼虽然经济窘困，仍然节衣缩食，带头每年捐款十千。

纵观苏轼一生，黄州的文学成就最突出，前后《赤壁赋》《念奴娇·大江东去》《卜算子·缺月挂疏桐》《水龙吟·似花还似非花》《水龙吟·小舟横截春江》《定风波·莫听穿林打叶声》《浣溪沙·山下兰芽短浸溪》《西江月·照野弥弥浅浪》《洞仙歌·冰肌玉骨》《临江仙·夜饮东坡醒复醉》《满庭芳·归去来兮，吾归何处》《记承天寺夜游》《方山子传》《海棠·东风袅袅泛崇光》《寓居定惠院之东，杂花满山，有海棠一株，土人不知贵也》，这些最脍炙人口的杰作，以及《洗儿戏作·人皆养子望聪明》《琴诗·若言琴上有琴声》等后世成为格言的作品，全部作于黄州。而《题西林壁·横看成岭侧成峰》和《石钟山记》也是刚刚离开黄州前往汝州的途中所成。黄州时期，无疑是苏轼一生文艺创作的巅峰，其时年龄将老而未老，精气尚充盈而神致已老到，无俗务相缠，有良朋共处，主观客观条件俱得凑泊，遂达出神入化之境。

黄州遭贬数年，对苏轼的文学创作和思想境界来说，实在是一件大幸事。因为它使苏轼获得了一颗闲散的心，自在的心，超脱的心，也就是最本色最真实的心，只有这样的心，才能发射出最美丽的灵光，流溢出最辉煌的佳句。

窃比山中相，新诗寄白云：富贵浮云

苏轼本来已经准备终老于黄州，但元丰七年（1084）四月，他奉神宗诏旨，离开黄州前往汝州。这是将被重新起用的好兆头，全家都很高兴。但另一方面，又舍不得住了几年的黄州。这是人之常情，即苏轼诗《别黄州》中所谓"桑下岂无三宿恋"，这用的是佛教的典故。《四十二章经》中有："沙门日中一食，树下一宿，慎勿再矣。"《后汉书·襄凯传》中则说："浮屠不三宿桑下，不欲久生恩爱，精之至也。"这是佛教万法皆空教义衍生出来，防止人对万物产生感情而妨碍修行的意思。

苏轼虽然也广参佛理，却是以诗人的心情和眼光采择吸取的，当然还是肯定情感的。黄州的老朋友们把苏轼一家送到慈湖，分手告别。而陈慥则继续陪同一直到江西九江。苏轼写了《岐亭五首》回顾二人的友谊，在小序中特别提到在自己的影响下，陈慥也不再宰杀食用动物，这种戒杀的思想也被周围的居民所认同，"岐亭之人多化之，有不食肉者"。可见，黄州数年，佛教和道教等出世的思想对苏轼的浸淫越来越深了。这在他游览庐山的一些作品中也有明显表现，如："溪声便是广长舌，山色岂非清净身。夜来八万四千偈，他日如何举似人。""我从庐山来，目送孤飞云。路逢陆道士，知是千岁人……人呼小靖节，自号葛天民。"

陶渊明（字靖节），葛天氏之民，这些隐逸的象征越来越成了苏轼诗思诗意的核心。因此，虽然朝政的变迁再次把他一步步推向政治的中心，步步高升，苏轼却一再上表要求外任，实在也是心态使然，他越来越厌倦了政治功名，向往自由的归隐生活。他见到了久别的老友驸马王诜，在赠诗中自表心迹："吾生如寄耳，何者为祸福？不如两相忘，昨梦那可逐。上书得自便，归老湖山曲。躬耕二顷田，自种十年木。岂知垂老眼，却对金莲烛。"

苏轼在元祐年间"飞黄腾达"的那几年，他的作品里并看不到多少意气风发气象，不少却是与朋友怀旧、饮酒、游观、赏画，或者和方外之人谈禅讲道的内容，而贯穿其中的主导思想情调，是感叹年老的沧桑之感和想致仕退休的林泉隐逸之情。身在紫微阁、玉堂这些权力中枢之地，享受着皇家恩赐的官烛法酒，心态却是"羞老病""叹才尽"，并不感到真正的快乐，而向往着退隐民间的梨花寒食、社酒寒灯。

在《书王定国所藏〈烟江叠嶂图〉》中，对自由隐逸生活的恋慕表达得情深意长。看到"川平山开林麓断，小桥野店依山前。行人稍度乔木外，渔舟一叶江吞天"的画中山水，就回忆起了黄州的生活，那被贬谪的日子，现在回想起来，反而格外美妙和令人怀念："君不见武昌樊口幽绝处，东坡先生留五年。春风摇江天漠漠，暮云卷雨山娟娟。丹枫翻鸦伴水宿，长松落雪惊醉眠。桃花流水在人世，武陵岂必皆神仙。江山清空我尘土，虽有去路寻无缘。还君此画三叹息，山中故人应有招我归来篇。"

朋友送来梅花，他也联想到自己在黄州的清闲生活，并预期自己即将外任，去过变相归隐的日子。在《和王晋卿送梅花次韵》中写道："东坡先生未归时，自种来禽与青李。五年不踏江头路，梦逐东风泛苹芷。江梅山杏为谁容，独笑依依临野水。此间风物君未识，花浪翻天雪相激。明年我复在江湖，知君对花三叹息。"

离开黄州转眼已经五年，但黄州却愈来愈成了苏轼心目中的桃花源，贬逐之苦恼全然淡忘，自在自由的散淡真淳之乐却因距离感而更具有了魅力。

经过不懈努力终于离开朝堂到了杭州，见到了过去的老熟人，苏轼感慨丛生："到处相逢是偶然，梦中相对各华颠。还来一醉西湖雨，不见跳珠十五年。"与杭州西湖一别，已经十五个年头，自己历经升沉，头发也白了，朋友的头发也白了。此中的人生况味自然是复杂的，有喟叹，有喜悦，也有超脱。

杭州西湖更像一位离别多年而青春不老的佳人，让苏轼已经颇具沧桑感的心灵得到安慰。他和新朋旧友们经常流连在西湖上，这在他的诗作中频频出现：《次韵刘景文、周次元寒食同游西湖》《连日与王忠玉、张全翁游西湖，访北山清顺、道潜二诗僧，登垂云亭，饮参寥泉，最后过唐州陈使君夜饮，忠玉有诗，次韵答之》《和公济饮湖上》《次韵曹子方运判雪中同游西湖》《次韵仲殊雪中游西湖二首》《次韵刘景文西湖席上》。

词作里有关游赏西湖的也不少：

　　双龙对起，白甲苍髯烟雨里。疏影微香，下有幽人昼梦长。

　　湖风清软，双鹊飞来争噪晚。翠飐红倾，时上凌霄百尺英。

（《减字木兰花》）

有情风万里卷潮来，无情送潮归。问钱塘江上，西兴浦口，几度斜晖？不用思量今古，俯仰昔人非，谁似东坡老，白首忘机？

记取西湖西畔，正春山好处，空翠烟霏。算诗人相得，如我与君稀。约他年、东还海道，愿谢公、雅志莫相违。西州路、不应回首，为我沾衣。

（《八声甘州·寄参寥子》）

"谁似东坡老，白首忘机？"苏轼不是矫情，的确把功名富贵看穿了，他自幼就有的出世超脱那一思想层面，随着年龄的老大和历练的增加，有了更多的发展。

高太后不放过他，又召他回返朝廷中枢。他无奈地自我解嘲："尺一东来唤我归，衰年已迫故山期。"他梦见友人拿来一张破琴，醒来就写了首《破琴诗》，实际上也是自喻。这在《书破琴诗后》中就画龙点睛了：

此身何物不堪为，逆旅浮云自不知。

偶见一张闲故纸，便疑身是永禅师。

有一个姓武的道士，给苏轼弹奏一曲"贺若操"，那当然更是以超凡脱俗为宗旨了：

清风终日自开帘，凉月今宵肯挂檐。

琴里若能知贺若，诗中定合爱陶潜。

（《听武道士弹贺若》）

琴是隐逸的引子，画也是超脱的契机：

此境眼前聊妄想，几人林下是真休？

我今心似一潭月，君已身如万斛舟。

看画题诗双鹤鬓，归田送老一羊裘。

明年兼与士龙去，万顷苍波没两鸥。

（《次韵子由书王晋卿画山水一首，

而晋卿和二首·其二》）

有了这种心态，所以一回朝就再度努力争取外任，几个月后，又去了颖州和扬州。一到了地方上，立刻如鱼儿回到湖海里一般自如自在。他在《泛颖》中写道：

我性喜临水，得颖意甚奇。

到官十日来，九日河之湄。

吏民笑相语，使君老而痴。

使君实不痴，流水有令姿。

绕郡十余里，不驶亦不迟。

上流直而清，下流曲而漪。

画船俯明镜，笑问汝为谁？

苏轼淡泊功名富贵，对生活则充满热爱，对每一件小事都津津有味兴致勃勃：《欧阳季默以油烟墨二丸见饷，各长寸许，戏作小诗》《明日复以大鱼为馈，重二十斤，且求诗，故复戏之》《和赵景贶栽桧》《与陈、赵同过欧阳叔弼新治小斋，戏作》。苏轼的心态越来越接近陶渊明和白居易了：

> 渊明求县令，本缘食不足。
>
> 束带向督邮，小屈未为辱。
>
> 翻然赋归去，岂不念穷独？
>
> 重以五斗米，折腰营口腹。
>
> 云何元相国，万钟不满欲。
>
> 胡椒铢两多，安用八百斛？
>
> 以此杀其身，何啻鹬抵玉。
>
> 往者不可悔，吾其反自烛。
>
> （《欧阳叔弼见访，诵陶渊明事，叹其绝识，
>
> 既去，感慨不已，而赋此诗》）

陶渊明因穷困而出仕，但终于耻为五斗米折腰而弃官归隐。相反，那个唐代宗朝的元载，做到中书侍郎的大官，仍然恋栈仕途，贪敛财货，终于被皇帝赐死，死后抄家，光胡椒就抄出八百石，这种为官为财而亡身的行为，简直就像拿珍贵的美玉去投掷鹬鸟一样愚蠢。两相对比，苏轼深自反省，认同陶渊明的"绝识"，越发企慕隐逸生涯了。但朝廷对自己依托甚重，彻底脱离官场不现实，只能转而以白居易自许，师法其乐天知命的"朝隐"：

出处依稀似乐天，敢将衰朽较前贤。

便从洛社休官去，犹有闲居二十年。

到扬州后，苏轼写了《和陶饮酒二十首》的组诗，把自己的归隐情怀抒发得更加淋漓尽致：

我不如陶生，世事缠绵之。

云何得一适，亦有如生时。

寸田无荆棘，佳处正在兹。

纵心与事往，所遇无复疑。

偶得酒中趣，空杯亦常持。

（《和陶饮酒二十首·其一》）

道丧士失己，出语辄不情。

江左风流人，醉中亦求名。

渊明独清真，谈笑得此生。

身如受风竹，掩冉众叶惊。

俯仰各有态，得酒诗自成。

（《和陶饮酒二十首·其三》）

但人在江湖，身不由己，江湖尚且如此，何况朝廷。不过一年，苏轼又被从扬州召回朝廷，升任到端明殿学士、翰林侍读学士、礼部尚书的高位。但他的内心感受如何呢？在《召还至都门先寄子由》中慨叹："老身倦马河堤永，踏尽黄榆绿槐影。荒鸡号月未三更，客梦还家时一顷。归老江湖无岁月，未填沟壑犹朝请。"《次韵定国见寄》中又说："还朝如梦中，双阙眩金碧。复穿鹓鹭行，强寄麋鹿迹。劳生苦昼短，展转不能夕。默坐数更鼓，流水夜自逆。故人为我谋，此志何由毕。越吟知听否，谁念病庄舄。"

所谓富贵于我如浮云，其实也不是想浮云就能浮云的，苏轼到底未能做到像陶渊明那样归去来兮，也没有做到像白居易那样以朝隐全身而退。等来的是高太后薨逝，朝政再度翻盘，自己再度被贬谪，但这一次不比黄州，而是更加遥远荒僻险恶的岭南和海南。

这到底是厄运呢？还是幸运呢？

岂知江海上，落英亦可餐：浪迹天涯

元祐八年（1093）九月，苏轼出知定州，不到半年，元祐九年四月改元绍圣元年（1094），苏轼立刻被贬谪去广东偏远的英州当知州，端明殿学士、翰林侍读学士和礼部尚书的荣衔全部被摘除，罪名是"讥刺先朝"。而罪证是八年前苏轼为朝廷代拟的贬谪吕惠卿的制词中，有"讥讪先帝"的词句，真可谓欲加之罪，何患无辞。

元祐改为绍圣，就是政治翻盘的象征。元祐是高太后掌政，否定神宗时期的变法举措，绍圣则是要继承恢复神宗时的政策做法，绍是继承的意思，圣就是指神宗。新党再度掌权，旧党再度下野，而新旧党争已经完全成为我上你下的权力抢夺，没有多少更化革新的精神和实际意义了。长大亲政的哲宗对祖母高太后心存强烈的逆反情绪，打着子承父志的旗号，一切都和祖母当权时期的主张对着来。而重新上台的新党执政官员章惇、安焘等，对政敌的打击迫害更是不遗余力，"元祐党人"成了罪恶的符号，短短一两月间，元祐时期高太后重用过的大臣三十余人全部被贬谪到岭南等边远之地。

苏轼既然是高太后抬举的人，即使曾经当过哲宗的老师，哲宗也绝不给面子。高太后刚去世不久，苏轼去定州赴任时，哲宗就找借口不让苏轼向自己面辞，这实际上是一个危险的信号。半年以后，在政敌的罗织下，对苏轼的打击开始，并且一波接一波，越来越严重，所以在苏轼千里迢迢奔赴贬所的路途中，朝廷五改谪命。紧接着英州的任命不久，又一道诰命来了："合叙复日不得与叙，仍知英州。"这是取消了苏轼按照惯例隔一定年限即可自动调级升迁的资格。这还不够，六月的朝命把苏轼贬到更偏远的惠州，这一次是责授宁远军节度副使、惠州安置，即已经不再是有实际职责的官员，只是"不得签书公事"挂一个虚衔的变相流放。

即使这样，执政者仍然不罢休。到了绍圣四年四月，再度把苏轼贬为琼州别驾，昌化军安置，也就是从广东渡海去海南岛了。这已经是最边远之地，再进一步，只剩下杀头了。

从绍圣元年四月到元符三年五月，即从1094年被贬到1100年大赦而开始内迁，苏轼在广东待了三年，在海南岛待了四年，共六七年的时间。这是他最后的人生遭遇，此后不到一年，遇赦返程途中就去世了。

苏轼已到花甲之年，身体衰弱多了，当时的广东和海南都是瘴疠蛮荒之地，政敌把他抛置于此，其实就是想让他死。苏迈在叔叔苏辙的援助下，带领全家人回宜兴居住，靠那里的田产过活，苏轼则带领小儿子苏过和侍妾朝云，前往广东。

不过，此时的苏轼，屡经宦海浮沉，也可谓久历风雨，一方面对以老衰之躯而被贬谪荒远心存忧惧，另一方面则有一种对荣辱置之度外的心态。把他到定州，到惠州，到昌化军后的三封向朝廷的"谢表"对比一下，就可以窥知消息。

苏轼的《定州谢到任表》说：

> 伏念臣一去阙庭，三换符竹。坐席未暖，召节已行。筋力疲于往来，日月逝于道路。未经周岁，复典两曹。朝廷非不用臣，愚蠢自不安位。所宜窜逐，更冒宠荣。

《到惠州谢表》说：

先奉告命，落两职，追一官，以承议郎知英州军州事，续奉告命，责授臣宁远军节度副使惠州安置，已于今月二日到惠州公参讫者。仁圣曲全，本欲畀之民社；群言交击，必将致之死亡。尚荷宽恩，止投荒服。

《到昌化军谢表》说：

今年四月十七日，奉被告命，责授臣琼州别驾昌化军安置，臣寻于当月十九日起离惠州，至七月二日已至昌化军讫者。并鬼门而东骛，浮瘴海以南迁。生无还期，死有余责。臣轼伏念臣顷缘际会，偶窃宠荣。曾无毫发之能，而有丘山之罪。宜三黜而未已，跨万里以独来。恩重命轻，咎深责浅。此盖伏遇皇帝陛下，尧文炳焕，汤德宽仁。赫日月之照临，廓天地之覆育。譬之蠕动，稍赐矜怜；俾就穷途，以安余命。而臣孤老无托，瘴疠交攻。子孙恸哭于江边，已为死别；魑魅逢迎于海外，宁许生还。念报德之何时，悼此心之永已。俯伏流涕，不知所云。臣无任。

转换了时空背景的现代人，读苏轼这些文字，是会有荒诞可笑感觉的，也可能会一掬同情之泪。面对残酷的打击迫害，却必须诚惶诚恐地对皇帝歌功颂德，感谢对自己"从轻发落"的皇恩浩荡，另一方面又刻画自己的实际艰难和困苦，以寄希望于万一能打动皇帝的怜悯之心。

但在实际生活中，苏轼其实是以一种随分从时的豁达态度面对命运的沧桑。在贬谪之旅中，他仍然一如既往，兴致勃勃地一路访游名胜，吟咏不辍。从定州前往惠州途中，庐山，惶恐滩，郁孤台，大庾岭，罗浮山，还有廉泉，尘外亭，天竺寺，建封寺，月华寺，南华寺，碧落洞……逢景必游，游则必咏，或兼题字撰文。

此外各种生活小事，都会激发出盎然的诗兴。比如买到了一块奇异的石头，就名之曰"壶中九华"，"以诗纪之"，变成化解人生失意的解药："清溪电转失云峰，梦里犹惊翠扫空。五岭莫愁千嶂外，九华今在一壶中。"当然，这些诗中也有时会流露出低沉的情绪："七千里外二毛人，十八滩头一叶身。山忆喜欢劳远梦，地名惶恐泣孤臣。"但总的情绪，则始终是超逸的、豁达的，甚至是快乐的。

无论荣显或落魄，都保持"诗意栖居"的人生态度，于是一切都变得趣味盎然起来。苏轼能达到这种人生境界，与他越来越受道家和佛家出尘绝世思想的影响大有关系。佛和道的思想因子本来就存在于苏轼的思想性情之中，黄州贬黜的几年得到了加强深化，到了岭南和海南阶段，则可以说成为苏轼思想情绪的主流了。

> 一念失垢污，身心洞清净。
>
> 浩然天地间，惟我独也正。
>
> 今日岭上行，身世永相忘。
>
> 仙人拊我顶，结发受长生。

（《过大庾岭》）

> 云何见祖师？要识本来面。
>
> 亭亭塔中人，问我何所见。
>
> 可怜明上座，万法了一电。
>
> 饮水既自知，指月无复眩。
>
> 我本修行人，三世积精炼。
>
> 中间一念失，受此百年谴。
>
> 抠衣礼真相，感动泪雨霰。
>
> 借师锡瑞泉，洗我绮语砚。

（《南华寺》）

　　这种思想倾向的转变，最突出地表现在苏轼这几年写的大量的和陶诗。本来在黄州他就写过《和陶饮酒二十首》，而现在则是大写特写，陶渊明真成了他心中的偶像、行为的榜样。《和陶读山海经》《和陶贫士七首》《和陶己酉岁九月九日》《和陶咏二疏》《和陶咏三良》《和陶咏荆轲》《和陶移居二首》《和陶桃花源》《和陶乞食》《和陶和胡西曹示顾贼曹》《和陶酬刘柴桑》《和陶岁暮作和张常侍》《和陶时运四首》《和陶答庞参军六首》《和陶止酒》《和陶还旧居》《和陶连雨独饮二首》《和陶示周掾祖谢》《和陶劝农六首》《和陶赴假江陵夜行》《和陶九日闲居》《和陶拟古九首》《和陶东方有一士》《和陶停云四首》《和陶怨诗示庞邓》《和陶杂诗十一首》《和陶田舍始春怀古二首》《和陶赠羊长史》《和陶形赠影》《和陶影答形》《和陶神释》《和陶使都经钱溪》《和陶和刘柴桑》《和陶西田获早稻》《和陶下潠田舍获》《和陶戴主簿》《和陶游斜川》《和陶与殷晋安别》《和陶王抚军座弹琴》《和陶答庞参军》《和陶郭主簿二首》《和陶始经曲阿》和《归去来集字十首》。

从艺术的角度，与苏轼此前特别是在黄州所写的大量优秀作品相比，这些和陶诗不是十分出色，基本上是复制陶渊明诗中的情境，和作的性质也使创造性不很凸显。但从思想情绪的角度，却相当真实地反映了苏轼此际的心情，那是他实在的生活情境。通过这些作品，他获得了平和的心理状态。

苏轼于绍圣元年十月二日到达惠州贬所。毕竟苏轼名重天下，惠州的人民对他热烈欢迎，地方官员对他也礼敬有加，刚来的时候，惠州太守安排他在三司行衙（**最高财政官员来访时所居宾馆**）的合江楼住了十几天，十八日迁居嘉祐寺，附近有松风亭，风景幽雅秀美。到了第二年三月十九日，又迁回合江楼居住。此楼位于东、西两条江水汇合处，景色则颇壮观。苏轼在《题嘉祐寺壁》中说："绍圣元年十月二日，轼始至惠州，寓居嘉祐寺松风亭。杖履所及，鸡犬皆相识。明年三月，迁于合江之行馆。得江楼廓彻之观，而失幽深窈窕之趣，未见所欣戚也。"在《和陶移居》中则有这样的诗句："昔我初来时，水东有幽宅。晨兴鸦鹊朝，暮与牛羊夕。"绍圣三年四月二十日，再度返回嘉祐寺。两处住地，幽雅与壮观，各有妙处。

> 仿佛曾游岂梦中，欣然鸡犬识新丰。
>
> 吏民惊怪坐何事，父老相携迎此翁。
>
> 苏武岂知还漠北，管宁自欲老辽东。
>
> 岭南万户皆春色，会有幽人客寓公。
>
> （《十月二日初到惠州》）
>
> 海山葱昽气佳哉，二江合处朱楼开。
>
> 蓬莱方丈应不远，肯为苏子浮江来。
>
> 江风初凉睡正美，楼上啼鸦呼我起。
>
> （《寓居合江楼》）
>
> 海南仙云娇堕砌，月下缟衣来扣门。
>
> 酒醒梦觉起绕树，妙意有在终无言。
>
> 先生独饮勿叹息，幸有落月窥清樽。
>
> （《十一月二十六日，松风亭下，梅花盛开》）

他和地方官员唱和："欲求公瑾一囷米，试满庄生五石樽。"但更多是和僧道来往："一杯罗浮春，远饷采薇客。遥知独酌罢，醉卧松下石。幽人不可见，清啸闻月夕。聊戏庵中人，空飞本无迹。""幽人白骨观，大士甘露灭。根尘各清净，心境两奇绝。真源未纯熟，习气余陋劣。譬如已放鹰，中夜时掣绁。"

再比如他写的一些题记，也颇能表现他此时的生活状况：

绍圣元年十二月十二日，与幼子过游白水山佛迹院。浴于汤池，热甚，其源殆可以熟物。循山而东，少北，有悬水百仞，山八九折，折处辄为潭。深处缒石五丈，不得其所止，雪溅雷怒，可喜可畏。水涯有巨人迹数十，所谓佛迹也。暮归，倒行，观山烧壮甚。俯仰度数谷。至江山月出，击汰中流，掬弄珠璧。到家，二鼓矣。复与过饮酒，食余甘，煮菜，顾影颓然，不复能寐。书以付过。东坡翁。

（《记游白水嵓》）

绍圣二年正月初五日，与成都舟阇黎夜坐，饥甚。家人煮鸡肠菜羹甚美。缘是，与舟谈不二法。舟请记之。其语则不可记，非不可记，盖不暇记也。

（《记与舟师夜坐》）

绍圣二年五月望日，敬造真一法酒成。请罗浮道士邓守安拜奠北斗真君。将奠，雨作。已而清风肃然，云气解驳，月星皆现，魁杓明爽。彻奠，阴雨如初。谨拜手稽首而记其事。东坡居士苏轼书。

（《记朝斗》）

绍圣三年三月，苏轼在白鹤峰下买了几亩隙地，本是道观白鹤观的旧址，风景幽雅，交通也方便。苏轼在此建了二十多间房屋，凿了一口四十多尺深的井，周围种上花果树木，当地居民都热情帮助修建。苏轼撰写了《白鹤新居上梁文》，其中说："东坡先生，南迁万里，侨寓三年。不起归欤之心，更作终焉之计……今者既兴百堵，爰驾两楹。道俗来观，里闾助作。愿同父老，宴乡社之鸡豚；已戒儿童，恼比邻之鹅鸭。何辞一笑之乐，永结无穷之欢。"他估计哲宗和那些政敌不会再让他回返中原了，已经决定终老于此，与当地人民"永结无穷之欢"。

苏轼虽然已不在其位，只是一个挂名流放的犯官，但在力所能及的范围内，他还是积极倡议活动，促成了许多当地有益民生的善政。如惠州军营房废缺，不少士兵没有地方住，租赁民房居住，产生一些消极的社会后果。苏轼积极建议，添建三百余间营房。他还主动筹谋划策，辅助当地官员完成了两项社会工程建设。惠州的东江上原来只有竹子浮桥，常被江水冲坏，在苏轼奔走下，当地官员筹措资金，罗浮道士邓守安主持，用四十艘小船连成二十舫，再用铁锁石碇，建成了更耐用结实的浮桥东新桥。惠州西面有一个丰湖，也叫西湖。苏轼大力倡议襄助，栖禅院的僧人们化缘筹金，建西新桥，用坚固的石盐木筑成。佛教和道教的大慈大悲和度化世人等思想教义，在苏轼的参与下，都转化成了真正为大众谋福利的善举，方外之人的和尚道士都尽责尽力。这不能不说是儒道佛互补的一个生动例证。

然而，政治斗争的残酷超出了苏轼的预料，朝中的当权者对"元祐党人"的打击毫不放松。绍圣四年四月，苏轼被再贬去海南岛。那时他才住进白鹤新居两个多月，朝云也刚去世不久。而在修建白鹤新居时，积蓄都已用尽，朝廷的折支券（官俸）又拖欠很久而迟迟不发放。长子苏迈本来已经被授予韶州仁化县令，朝廷忽然又出台新政策，规定谪官的亲属不得在谪地临近地区为官，因而不得赴任。苏轼这一次真的陷入了困境。

苏轼安排长子苏迈等家人在白鹤新居留住，写下了遗嘱。此时苏辙也被贬往雷州，兄弟二人在滕州见了一面，苏轼就和苏过于六月十一日渡海，七月二日到达贬所昌化军。苏轼在海南岛的生活是贫困的，住在极其简陋的草庵中，他却写了一篇幽默的铭文《桄榔庵铭并序》，说：

东坡居士谪于儋耳，无地可居，偃息于桄榔林中，摘叶书铭，以记其处。

九山一居，帝为方舆。神尻以游，孰非吾居。百柱赑屃，万瓦披敷。上栋下宇，不烦斤铁。日月旋绕，风雨扫除。海氛瘴雾，吞吐吸呼。蝮蛇魑魅，出怒入娱。习若堂奥，杂处童奴。东坡居士，强安四隅。以动寓止，以实托虚。放此四大，还于一如。东坡非名，岷峨非庐。须鬓不改，示现毗卢。无作无止，无欠无余。生谓之宅，死谓之墟。三十六年，吾其舍此，跨汗漫而游鸿蒙之都乎？

显然，佛的出世空无，道的无为逍遥，诗的审美超越，都是苏轼战胜生活艰苦、化困顿为诗意的思想精神资源。在此广大文化精神的光照下，苦转化为乐，贬逐成了机遇。海南的奇特风光和民俗，成了他的精神大餐："突兀隘空虚，他山总不如。君看道旁石，尽是补天余。""岁暮风雨交，客舍凄薄寒。夜烧松明火，照室红龙鸾。""海南有五色雀，常以两绛者为长，进止必随焉。俗谓之凤凰云。久旱而见辄雨，潦则反是。吾卜居儋耳城南，尝一至庭下。"

许多"和陶"诗作于这个时期，这已经是一个融合了禅道二家思想又超越禅和道的陶渊明，简言之就是诗意栖居的化身："博大古真人，老聃关尹喜。独立万物表，长生乃余

126

事。"二子本无我，其初因物著。岂惟老变衰，念念不如故。知君非金石，安得长托附。莫从老君言，亦莫用佛语。仙山与佛国，终恐无是处。甚欲随陶翁，移家酒中住。""后读释氏书，深悟实相，参之孔、老，博辩无碍，茫然不见其涯也。"

也许，以下两首诗最生动地显示了苏轼在岭南和海南那种诗化的价值超越和人生取向：

> 罗浮山下四时春，卢橘杨梅次第新。
>
> 日啖荔枝三百颗，不辞长作岭南人。
>
> （《食荔枝二首·其二》）
>
> 参横斗转欲三更，苦雨终风也解晴。
>
> 云散月明谁点缀，天容海色本澄清。
>
> 空余鲁叟乘桴意，粗识轩辕奏乐声。
>
> 九死南荒吾不恨，兹游奇绝冠平生。
>
> （《六月二十日夜渡海》）

第 4 章

文艺之达与美

诗：横看成岭侧成峰

苏轼留下了二千七百多首诗，是宋诗的杰出代表。一谈到宋诗，必然涉及与唐诗的比较。鲁迅在给友人的书信中曾经说，诗到唐已经作完，"此后倘非能翻出如来掌心之'齐天大圣'，大可不必动手"。从一种整体性的观照来说，这种意见有它的道理，唐诗在意境方面的造诣，确实已经登峰造极，后来的人很难超越。作为一代文学的宋诗，的确难与唐诗比肩。

但到了绝境，也就会努力开拓新路，另辟蹊径。宋诗也有它的自家面目，最突出的特点是在诗中融入了理趣，使艺术思维中突显了超越感情形象的哲理化思维，这当然与宋代的儒家理学和佛家禅学都有了空前的发展有关。诗歌的创作尚意、尚理，艺术观念发生了根本的变化。

苏轼的诗歌作品，非常鲜明地体现了这种时代特点。苏轼是诗人、是才子，但也是学者和智者，其全面的文化艺术素养却超越了唐朝的一些大诗人。苏轼诗歌观念偏重意念理性的特征，他的朋友们对此有切中肯綮的评论。如秦观在《答傅彬老简》中说："苏氏之道，最深于性命自得之际。"而黄庭坚则在《与王观复书》中说："（诗）当以理为主，理得而辞顺。"于《东坡居士墨戏赋》中评论苏轼："吾闻斯人，深入理窟。"

通过前面章节行文所列举的一些诗句，我们已经对苏诗追求理趣的特点有所感觉。如他的名句："人生到处知何似，应似飞鸿踏雪泥。泥上偶然留指爪，鸿飞那复计东西。"通过一个细节，即飞行来往的鸿雁在雪泥地上留下的爪印很快会消隐无痕这一点，把生命转瞬即逝，说到底人生其实并无意义这一深沉的哲理思考生动地传达了出来。虽然理趣深厚，但飞去的鸿鸟，雪地的爪痕，却是具体的形象，因此富有艺术魅力，理性与感性结合得如盐在水，而其表现的哲思又是人生永恒的难题。"雪泥鸿爪"因此成了流传后世的成语。再赏玩几首久经传诵的苏轼的理趣诗。

若言琴上有琴声，放在匣中何不鸣？

若言声在指头上，何不于君指上听？

（《琴诗》）

这首诗作于元丰五年（1082）闰六月，苏轼正贬居黄州。诗前面有一篇小序，说：武昌主簿吴亮采，携带一个沈姓朋友有关"十二琴"的一些解释说法，还有一位名叫高斋的人写的文章《太平之颂》来给我看。我不认识沈先生，但曾经和高斋一起交游，见过他所珍藏的一张琴，上面没有铭记和题识，不知那张琴是什么时代的物品。我告诉吴先生和沈先生，请他们到高先生那里看看那张琴。至于这"十二琴"，等我看了琴后再题诗。

这是一次友朋交往的文化活动，苏轼从这种文化交游中却引申出一种哲理。如果说美妙的琴声来自琴自身，那么琴放在匣子里时为什么不自动鸣声呢？如果说琴声来自演奏者拨弄琴弦的手指，那么为什么不从手指上聆赏音乐？

这实际上是启发读者：琴、演奏者的手指，二者是互相依存的，只有彼此结合才能产生感人的音乐。进一步引申，就是世间万事万物，如果不合作而割裂开来"单打独斗"，则任何事情都难以成功。实际上也暗通了佛家理念，即世间万象皆来于"因缘"。借物说理，含意深远，苏轼自己说这首诗是"偈"。而又采取只问不答、答案自寓其内让人寻味的技巧，颇富谐趣性。显然，这是智性的诗，不是感性的诗。

> 人皆养子望聪明，我被聪明误一生。
>
> 惟愿孩儿愚且鲁，无灾无难到公卿。

（《洗儿戏作》）

元丰六年七月二十七日，苏轼爱妾朝云生下小儿子苏遁，小名干儿，苏轼非常高兴，在小孩满月时写了这首诗。《东京梦华录》中说："生子满月为洗儿会。"此时苏轼被贬黄州，不无牢骚，因此这首"戏作"当然有发泄对自己坎坷遭遇不满情绪的意味。这首诗的旧注说："诗中有玩世疾俗之意。"

从另一方面看，此诗也是人生悖论的一种戏谑性反思，深具哲理。后来曹雪芹创作《红楼梦》，在预示王熙凤的"曲子"《聪明误》中就有这样的警句："机关算尽太聪明，反算了卿卿性命。"可以说和苏轼的这首诗异曲同工。此诗也成了广为流传的警世通言，虽然人们在引用时往往带有一丝调侃色彩。

> 横看成岭侧成峰，远近高低各不同。
>
> 不识庐山真面目，只缘身在此山中。

（《题西林壁》）

这是元丰七年苏轼从黄州贬所改迁汝州团练副使时游庐

山所作。从黄州改调汝州，意味着命运向善的方向演变，苏轼此时的心情也有些变化，但宦海浮沉已经使他对人生富有了更深的哲学性感悟。同样一座庐山，从正面看是山岭，从侧面看就是山峰，远处、近处、高处、低处，换了观察的位置，所看到的山形山景就都不一样。这是游山的真实感受，移步换景，变化万千。而后面的两句则尤具理趣，跳出庐山后才恍然大悟，当局者迷，旁观者清，更是凝聚了生活经验和思考的哲理性语言。这种微妙的哲理紧紧扣住了游山的实际感受，达到了形象与抽象的水乳交融。有了这种哲学性视角，自然也就会养成一种豁达开朗，随缘从时，不管逆境顺境，总能泰然处之的相对超脱的人生态度。无论遭遇何种困境，苏轼总是对生活保持勃勃兴致，特别是对自然山水，更葆有永不穷竭的好奇心，总能把各种颠沛流离转化为人生的审美享受。他随时随地都能发现生活的趣味和大自然的美感，快乐地去享受，还要诉诸笔端，化为美妙的诗句。

苏轼的诗各体皆擅，而古风颇多，因为这种诗体比较随意，更符合他的个性和学养。他喜欢把写景、抒情和议论融合在一起，知性和理性因素往往会取代情感在诗中的主导地位，造成一种宽松、随意、自由自在的机动性结构，与唐诗那种即情即景，情、景、意三元一体的均衡和谐的整体性结构大异。对景物，往往是"赋"即客观的叙述描写和知性、理性的体验相交叉，"比兴"也往往比较直接，喜欢用一些散文化的句子，像李贺、李商隐那种偏重情绪性、意象性、象征性的作品则几乎没有。这也是唐诗和宋诗的区别。

那首脍炙人口的《游金山寺》是比较早期的作品，笔势飞腾，兴象高妙，而豪迈之气概流注于中，但侧重于描写叙述的写作特点已经呈现。许多苏诗选本都采取的《荔枝叹》，是苏轼晚年被贬谪惠州时的一首长诗，选家的眼光还是局限于所谓"人民性"，即这是一首政治色彩较强的诗作，对历代向朝廷进贡荔枝这一弊政予以批判。"宫中美人一破颜，惊尘溅血流千载。""我愿天公怜赤子，莫生尤物为疮痏。雨顺风调百谷登，民不饥寒为上瑞。"

其实，这样一些诗更能体现苏轼的特色本质：

粗缯大布裹生涯，腹有诗书气自华。

厌伴老儒烹瓠叶，强随举子踏槐花。

囊空不办寻春马，眼乱行看择婿车。

得意犹堪夸世俗，诏黄新湿字如鸦。

（《和董传留别》）

人生识字忧患始，姓名粗记可以休。

何用草书夸神速，开卷惝恍令人愁。

我尝好之每自笑，君有此病何能瘳。

自言其中有至乐，适意无异逍遥游。

近者作堂名醉墨，如饮美酒消百忧。

乃知柳子语不妄，病嗜土炭如珍馐。

君于此艺亦云至，堆墙败笔如山丘。

兴来一挥百纸尽，骏马倏忽踏九州。

我书意造本无法，点画信手烦推求。

胡为议论独见假，只字片纸皆藏收。

不减钟张君自足，下方罗赵我亦优。

不须临池更苦学，完取绢素充衾裯。

（《石苍舒醉墨堂》）

旧书不厌百回读，熟读深思子自知。

他年名宦恐不免，今日栖迟那可追。

我昔家居断还往，著书不暇窥园葵。

朅来东游慕人爵，弃去旧学从儿嬉。

狂谋谬算百不遂，惟有霜鬓来如期。

故山松柏皆手种，行且拱矣归何时。

万事早知皆有命，十年浪走宁非痴。

与君未可较得失，临别惟有长嗟咨。

（《送安惇秀才失解西归》）

这些诗反映的人生态度是有忧愁但不悲观，不狂妄也不消极，一点自嘲，一点觉悟，仍有执着，仍有情分，不变态，能超脱，在看破与看不破当中找到了平衡点，智与情相辅相成，骨子里还是雄健。难怪像"腹有诗书气自华""人生识字忧患始""旧书不厌百回读，熟读深思子自知"都成了后世口耳相传的名言警句。而其写作特点，则是在散文化的叙述中偶然点缀着细致的描摹和新奇的比喻。

比喻是文学语言最重要的手段，苏轼在比喻的运用上颇有新的发明创造。袁行霈主编的《中国文学史》中，就曾总结"苏诗中的比喻生动新奇，层出不穷"。比如"相排竞进头如鼋""欲知垂尽岁，有似赴壑蛇。修鳞半已没，去意谁能遮""春畦雨过罗纨腻""有如兔走鹰隼落，骏马下注千丈坡。断弦离柱箭脱手，飞电过隙珠翻荷"。

宋人写诗喜欢用典故，因为诗人们大多读书广，有学问，知道的老故事多，写诗的时候自然就会"左右逢源"而"掉书袋"。苏轼也有此癖，不过他的才气大，大多数情况下能把典故使用得自然妥帖，浑然天成。比如他安慰应举落第的李廌："平生谩说古战场，过眼终迷日五色。"典故用得十分巧妙：唐人李华是名文《吊古战场》的作者，但文名虽著却应试不举，他与李廌同姓而遭遇相近；唐人李程以《日五色赋》应举，赋颇佳却落第，他也与李廌同姓而遭遇相近。"平生谩说古战场"是李华的典故，"过眼终迷日五色"是李程的典故，却都十分切合李廌的情况，真是妙不可言。当然，苏轼有时也有用典过多的毛病，清人王夫之在《姜斋诗话》中就批评说："人讥西昆体为獭祭鱼，苏子瞻、黄鲁直亦獭耳……除却书本子，则更无诗!"獭祭鱼就是罗列典故的比喻，据说獭喜欢把抓来的鱼排列起来。

岳飞的孙子岳珂《桯史》卷二中记载，苏轼曾经用"四诗风雅颂"对仗辽国使者的"三光日月星"，而苏轼《过永乐文长老已卒》一诗中则有这样的绝对："三过门间老病死，一弹指顷去来今。"苏轼在对仗技巧的使用上常常打破常规，时出奇对，有时则把用典故和对仗结合起来。如"师已忘言真有道，我除搜句百无功"，"忘言"是《庄子》中的典故，"搜句"则出自《文心雕龙》中"搜句忌于颠倒"。

又如"病马已无千里志，骚人长负一秋悲"，"病马"句用《晋书·王敦传》中故事："每酒后，辄咏魏武《乐府歌》曰：老骥伏枥，志在千里，烈士暮年，壮心不已。""骚人"句用《楚辞》宋玉《九辨》中："皇天平分四时兮，窃独悲此凛秋。""病马"对"骚人"，"千里志"对"一悲秋"，十分工稳。

再如"归来且看一宿觉，未暇远寻三朵花"，"一宿觉"出自佛家典籍《传灯录》中故事，"三朵花"则是"今典"，诗的序言中说："房州通判许安世，以书遗予言：'吾州有异人，常戴三朵花，莫知其姓名，郡人因以三朵花名之。''能作诗，皆神仙意。又能自写真，人有得之者。'许欲以一本见惠，乃为作此诗。"

生活中所有的小事大事，苏轼都能把其化为诗句，说到底，这当然是"诗意栖居"之人生状态的体现，但其驾驭文字的功力也是惊人的。难怪清朝人赵翼在《瓯北诗话》卷五中评赞苏诗说："天生健笔一枝，爽如哀梨，快如并剪，有必达之隐，无难显之情，此所以继李、杜后为一大家也。"《汲江煎茶》只是写从江里取水煮茶，却写出这样生动的句子："大瓢贮月归春瓮，小杓分江入夜瓶。"《鹤叹》中则有这样的妙句："三尺长胫阁瘦躯"，把一只病鹤清癯乏力、无精打采的状态刻画得栩栩如生。据说传本这一句中"阁"字缺失，别人拟补了好几个字都不传神，看到苏轼原稿，才知道是"阁"字，"此字既出，俨然如见病鹤矣"。

苏轼有几首七言绝句成了千古传诵的作品。如前面章节已经引录过的《饮湖上初晴后雨》(水光潋滟晴方好)，《六月二十七日望湖楼醉书五绝》之一（黑云翻墨未遮山）等，此外如著名的《海棠》诗，后来被曹雪芹化用到《红楼梦》中作为史湘云的暗示象征，衍化为更加超凡奇特的艺术：

> 东风袅袅泛崇光，香雾空蒙月转廊。
>
> 只恐夜深花睡去，故烧高烛照红妆。

《明皇杂录》记载，唐玄宗召见杨贵妃，杨贵妃正醉酒未醒，唐玄宗说"真海棠睡未足耳"，苏轼这首诗正是承接这种传说余绪，把海棠花和美人融为一体，创造出含蓄优美意味深长的境界。

如《赠刘景文》：

荷尽已无擎雨盖，菊残犹有傲霜枝。

一年好景君须记，最是橙黄橘绿时。

此诗把荷、菊、橙、橘四种时令美品在深秋时的微妙变化刻画出来，不仅生动细腻，而且象征刘景文的品格，把写景、咏物和赞人结合在一起，既境界美丽又有回味余地。

再如其题画诗《惠崇春江晚景》：

竹外桃花三两枝，春江水暖鸭先知。

蒌蒿满地芦芽短，正是河豚欲上时。

这首诗把春天刚刚来临时的物候感知之微妙，通过几个特写镜头传达了出来，让人感到春光扑面而来，洋溢着新生命的勃勃生机。

像这样一些诗，则完全避免了宋诗直接议论的浮露浅率，达到了以意境气韵见长的"唐人高境"，同时仍然富有内在的哲理意味，只是表达得更深隐玲珑。后人用"春江水暖鸭先知"象征时代新思想、新意识的先知先觉，用"菊残犹有傲霜枝"比喻凛然风骨，用"最是橙黄橘绿时"隐喻人生的某种状态，都说明这些诗句"张力"强大，意蕴悠远。

苏轼题画论艺的诗作很多，其中颇负盛名的一首是《李思训画〈长江绝岛图〉》：

> 山苍苍，水茫茫，大孤小孤江中央。
>
> 崖崩路绝猿鸟去，惟有乔木搀天长。
>
> 客舟何处来？棹歌中流声抑扬。
>
> 沙平风软望不到，孤山久与船低昂。
>
> 峨峨两烟鬟，晓镜开新妆。
>
> 舟中贾客莫漫狂，小姑前年嫁彭郎。

此诗其实也可看作一首描写山水风景的佳作。大孤山在江西九江鄱阳湖中，一峰独峙茫茫水间，而小孤山在江西彭泽县北、安徽宿松县东南的江水中，两座山遥相对立，小孤山对面则有澎浪矶。民间有传说，谓彭郎是小孤山的丈夫。

诗中既有静态的刻画如"崖崩路绝猿鸟去，惟有乔木搀天长"，也有动态的摹写如"棹歌中流声抑扬""孤山久与船低昂"，有声音有动作，奇特的景致通过人的感觉呈现，惟妙惟肖，最后还把美丽的神话传说引入风景，幽默有趣，加以长短句交错参差，读起来朗朗上口，确实比李思训的画作更富有魅力。

诚如各家文学史和研究者们所评价，苏轼的诗题材广泛，形式多样，情思内蕴丰富，具有艺术的兼容性，在北宋诗坛上，是首屈一指的大家。而其最根本的气质特点，是雄健豪放（超脱是雄健的变种）和追求理趣，只是随着际遇的亨通或困厄，思想和情绪的高昂或低沉，在作品中的表现有时明显有时隐晦而已。

词：关西大汉弹铜琵琶

南宋的俞文豹在《吹剑续录》中记载了一个故事：东坡居士在玉堂日，有幕士善歌，因问："我词何如柳七？"对曰："柳郎中词，只合十七八女郎，执红牙板，歌'杨柳岸、晓风残月'；学士词，须关西大汉，铜琵琶，铁绰板，唱'大江东去'。"公为之绝倒。

这里说的柳七，即略早于苏轼的北宋大词人柳永。词从晚唐五代以来逐渐流行，到了宋初已经成为家传户颂的新的文学艺术样式。不过，词一直被认为是"艳科"，即主要内容是表现男女情爱的"绮罗香泽之态"，而在形式上则对音律的要求更严格，因为它要由歌儿舞女演唱，是"流行歌曲"，与传统上典则雅驯以吟诵为主的诗迥然有别。词是"诗余"，是"小道"，不登大雅之堂，止于酒席歌馆，而诗是"载道""言志"的大雅之作。所谓"诗庄词媚"的观念被普遍接受。另一方面，早期的词作以小令为主，篇幅短小，不适合表现复杂的感情，而写作欣赏者也多是官僚士大夫，又要求审美趣味的含蓄优雅。

柳永是个落魄文人，他生活在市井之中，写的词在思想内容上更加世俗化，而在体制上则把小令发展为长篇的慢词，把离愁别恨的复杂感情表现得更细腻生动，语言风格也由婉媚变为通俗，"杨柳岸、晓风残月"就是他的名篇《雨霖铃》（寒蝉凄切）中的佳句。这是词的一次飞跃性发展，不过"词为艳科"的观念仍然没有打破，内容还是局限于谈情说爱羁旅行役。

苏轼的词作是另一次大的突破。清朝的《四库全书总目提要》说："词至晚唐五代以来，以清切婉丽为宗，至柳永而一变，如诗家之有白居易；至苏轼而又一变，如诗家之有韩愈。"

苏轼开始填词当然比作诗要晚得多，大约在嘉祐年间。今存苏词三百六十二阕，可以确定写作时间的，最早的一阕是写于宋英宗治平元年（1064）的《华清影》（平时十月幸莲汤），其时苏轼二十九岁，在凤翔府签判任上。早期的词作也是当时流行的艳词，不过已经渐渐有《瑞鹧鸪》（城头月落尚啼乌）、《瑞鹧鸪·观潮》（碧山影里小红旗）、《临江仙·风水洞作》（四大从来都遍满）等突破艳情的作品。因为苏轼才气大、学问大，性情又豪放豁达，很自然地就把诗和词打通而"以诗为词"，词表现的内容得以拓展，所谓"凡赋诗缀词，必写其所怀"（宋代杨湜《古今词话》），女性化的婉约柔情之词必然会演变为男性化的放旷豪情之词。

从熙宁七年（1074）开始，苏轼的词作有了明显的进步，如《少年游》（去年相送，余杭门外，飞雪似杨花）是婉约妙品，《虞美人》（湖山信是东南美）、《南乡子》（回首乱山横）都堪称佳作。而到了熙宁八年填了两阕《江城子》，一写出猎，一写悼亡，则成为苏词创作的第一个高峰。《江城子·密州出猎》堪称苏轼开山而辛弃疾发扬光大之"豪放派"即将崛起的先声：

老夫聊发少年狂。左牵黄，右擎苍。锦帽貂裘，千骑卷平冈。为报倾城随太守，亲射虎，看孙郎。

酒酣胸胆尚开张，鬓微霜，又何妨？持节云中，何日遣冯唐？会挽雕弓如满月，西北望，射天狼。

这阕词表现了昂扬向上的进取精神和远大的政治理想，从普通的出猎之行，却引申出安邦兴国的宏图大志，行猎中的"射虎"虽然是用典故夸张，却自然与理想中"挽雕弓""射天狼"的政治功业水乳交融为一体。整阕词富有生命激情和豪壮气概，在当时一片红粉佳人软语缠绵和绮筵公子浅吟低唱的词坛上，的确可谓黄钟大吕，振聋发聩。前面梳理过，此时苏轼担任密州太守，的确负有整顿边防以御敌的重任，这阕词作就不是徒发大言的夸诞，而更有了扎实的生活基础。

不过，苏轼的豪放是和飘逸相结合的，这是他与辛弃疾不同的地方。苏轼的文化背景驳杂多元，特别是佛道二家的出世思想对他影响极大，因此他的豪放词也就体现出自己的鲜明个性特色。熙宁九年所写怀念弟弟苏辙的著名的《水调歌头》，与《江城子·密州出猎》的写作仅隔一年，就更加能体现苏轼的真质本色。

> 明月几时有？把酒问青天。不知天上宫阙，今夕是何年？我欲乘风归去，又恐琼楼玉宇，高处不胜寒。起舞弄清影，何似在人间？

> 转朱阁，低绮户，照无眠。不应有恨，何事长向别时圆？人有悲欢离合，月有阴晴圆缺，此事古难全。但愿人长久，千里共婵娟。

此时苏轼仍在密州，但即将离任，和弟弟苏辙已经一年多未见，时逢中秋团圆之节，在超然台上"欢饮达旦，大醉，作此篇，兼怀子由"。醉后的即兴创作，当然是毫无做作的真情流露。生命短促，宇宙永恒，兄弟聚少离多，此正佛家所谓"爱别离苦"也，人生的意义究竟何在？词中一共四个问号，不就是这种生命价值困惑的表现吗？天上的琼楼玉宇虽然美好，但恐怕很孤独吧？还是留在温暖的人间，有美酒，有亲情，不是更好吗？看着中秋明月清光流转，偏偏在兄弟分离时又圆又亮，真让人感慨万千。但最后还是想通了：人有悲欢离合，月有阴晴圆缺，此事古难全。还是祝愿我们能多活一些年月，虽然远隔千里，却能够共同欣赏这美丽的月色。

觉悟到人生的有限性，却并没有跌入悲观绝望的深渊，而是把握现在，珍惜瞬间，祝福明天，这就是儒、道、佛三位一体互补带来的思想感情境界，"豪放"的本色正是奠基于这种豁达的人生观之上。宋朝的胡寅在《向芗林〈酒边集〉后序》中评论苏词说："一洗绮罗香泽之态，摆脱绸缪宛转之度，使人登高望远，举首高歌，而逸怀浩气，超然乎尘垢之外。"苏辛为代表的"豪放派"使宋词脱离了一味的缠绵婉约，但苏词的"豪"是"逸豪"，辛弃疾的"豪"是"雄豪"，各有特点。

密州时期的两阕《江城子》和《水调歌头》是苏轼词创作的第一个高峰，黄州时期则成为第二个高峰。前面的章节分析过，黄州的贬谪对苏轼的文艺创作来说，其实是大有好处的，他因此获得了最佳的创作心态。这个时期的诗词文赋都佳作迭出，以词而言，好作品很多，而最有代表性的，当然是《念奴娇·赤壁怀古》：

大江东去，浪淘尽，千古风流人物。故垒西边，人道是，三国周郎赤壁。乱石穿空，惊涛拍岸，卷起千堆雪。江山如画，一时多少豪杰。

遥想公瑾当年，小乔初嫁了，雄姿英发。羽扇纶巾，谈笑间、樯橹灰飞烟灭。故国神游，多情应笑我，早生华发。人生如梦，一尊还酹江月。

黄州赤壁也许并非历史上曹操和孙刘联军会战而遭遇失败的那个赤壁，但作为文学想象，自可浮想联翩。此词开首之句即饱含感情，一派豪迈逸宕之气韵。滚滚长江，大浪淘沙，英雄人物和业绩都被无情的时间淘洗一空，大气磅礴的豪壮中却透露出深沉的虚无悲慨，正是"逸豪"。历史上英雄的豪情壮采如在目前，但真实存在的只是乱石惊涛，"江山"与"豪杰"的互相映衬是想象中的壮美画面，也是激发诗人情绪和思考的艺术形象。下半阕描画周瑜当年的英姿飒爽，非凡气度，让人无限神往，但终于要回到现实，"早生华发""人生如梦"，人生的无奈与悲哀不言而喻。而最后的"一尊还酹江月"正是无奈中的旷达之举，诗人那"逸豪"的本质再度活灵活现。

苏轼《念奴娇·赤壁怀古》的思想内涵具有极大的弹性和黏附力，因为它所感慨的是人生永远不可能解决的命运难题，富有哲理和心理深度，而其艺术形式又达到了壮美和优美高度相交融的境界，因此成了千古第一名词。后世模仿赓续之作比比皆是，络绎不绝，却都难以超越苏词。

如元代词人萨都剌的《念奴娇·登石头城》，全用苏词原韵，是仿苏词中的佼佼者，却仍难达到与苏词并驾齐驱的地步。明朝杨慎创作的那阕《临江仙》，后来被冠于《三国演义》的开头，当代又通过电视剧歌曲而被广为传唱，其情调意境其实就是苏轼《念奴娇·赤壁怀古》的通俗版："滚滚长江东逝水，浪花淘尽英雄。是非成败转头空，青山依旧在，几度夕阳红。白发渔樵江渚上，惯看秋月春风。一壶浊酒喜相逢，古今多少事，都付笑谈中。"

"人生如梦"的感慨在苏词中经常出现："笑劳生一梦"（《醉蓬莱》），"万事到头都是梦"（《南乡子·重九涵辉楼呈徐君猷》），"世事一场大梦"（《西江月》），正是这种人生命运终极意义的追问，使苏词的"豪迈"中流荡着逸韵。

不过，苏轼儒、道、佛互补的文化人格使他在感叹人生如梦的同时，又能保持对现实人生的浓郁兴趣和热情，达到了一种超然自适的文化自觉，虽然知道人生如梦，但仍然执着地做着梦，有七八分快乐两三分忧郁的梦，浮泛着淡淡的人生空无之感，却不减少对人生美好的钟爱。黄州时期的不少词作都写得意趣盎然，别有幽怀又空灵隽永，说到底还是诗意的栖居。

缺月挂疏桐，漏断人初静。谁见幽人独往来，缥缈孤鸿影。惊起却回头，有恨无人省。拣尽寒枝不肯栖，寂寞沙洲冷。

（《卜算子·黄州定慧院寓居作》）

夜饮东坡醒复醉，归来仿佛三更。家童鼻息已雷鸣，敲门都不应，倚杖听江声。

长恨此身非我有，何时忘却营营？夜阑风静縠纹平。小舟从此逝，江海寄余生。

（《临江仙》）

莫听穿林打叶声，何妨吟啸且徐行。竹杖芒鞋轻胜马，谁怕？一蓑烟雨任平生。

料峭春风吹酒醒，微冷，山头斜照却相迎。回首向来萧瑟处，归去，也无风雨也无晴。

（《定风波》）

顷在黄州，春夜行蕲水中，过酒家饮，酒醉，乘月至一溪桥上，解鞍，曲肱醉卧少休。及觉已晓，乱山攒拥，流水锵然，疑非尘世也。书此语桥柱上。

照野弥弥浅浪，横空暧暧微霄。障泥未解玉骢骄，我欲醉眠芳草。可惜一溪风月，莫教踏破琼瑶。解鞍欹枕绿杨桥，杜宇一声春晓。

（《西江月》）

苏轼词佳作很多，豪迈超逸疏宕的总体风格之下，内容丰富多彩，对农村生活的生动描写和感受，赠友惜别，赏花玩月，婉约情词，都有名篇，而其中又都贯穿着豁达潇洒的精神风韵。

簌簌衣巾落枣花，村南村北响缲车。牛衣古柳卖黄瓜。酒困路长惟欲睡，日高人渴漫思茶，敲门试问野人家。

（《浣溪沙》）

乳燕飞华屋，悄无人、桐阴转午，晚凉新浴。手弄生绡白团扇，扇手一时似玉。渐困倚、孤眠清熟。帘外谁来推绣户？枉教人、梦断瑶台曲。又却是，风敲竹，石榴半吐红巾蹙，待浮花、浪蕊都尽，伴君幽独。秾艳一枝细看取，芳心千重似束。又恐被、秋风惊绿。若待得君来向此，花前对酒不忍触。共粉泪，两簌簌。

（《贺新郎·夏景》）

似花还似非花，也无人惜从教坠。抛家傍路，思量却是，无情有思。萦损柔肠，困酣娇眼，欲开还闭。梦随风万里，寻郎去处，又还被莺呼起。

不恨此花飞尽，恨西园、落红难缀。晓来雨过，遗踪何在？一池萍碎。春色三分，二分尘土，一分流水。细看来，不是杨花点点，是离人泪。

（《水龙吟·次韵章质夫杨花词》）

148

花褪残红青杏小。燕子飞时，绿水人家绕。枝上柳绵吹又少，天涯何处无芳草。

　　墙里秋千墙外道。墙外行人，墙里佳人笑。笑渐不闻声渐悄，多情却被无情恼。

（《蝶恋花·春景》）

　　从文学史的角度看，苏轼词的影响和地位超过了他的诗，他是转变词坛时代风气的大师巨匠，是从理论和创作两方面都贡献突出的伟大词人。他并非不懂音律，但不肯为音律而牺牲内容，他"以诗为词"，突破音乐对词体的束缚和限制，使词从音乐的附庸一变而为独立的抒情诗体，使词由主要供人演唱变为主要供人阅读。王灼在《碧鸡漫志》中说："东坡先生非醉心于音律者，偶尔作歌，指出向上一路，新天下耳目，弄笔者始知自振。"从他开始，"豪放派"词大张旗鼓地登上了历史舞台，与"婉约派"分庭抗礼，极大地推动了词这一新兴文学样式的发展。

文：吾文如万斛泉源

　　苏轼有一篇《自评文》：

　　吾文如万斛泉源，不择地皆可出，在平地滔滔汩汩，虽一日千里无难。及其与山石曲折，随物赋形，而不可知也。所可知者，常行于所当行，常止于不可不止，如是而已矣。其他虽吾亦不能知也。

苏轼对自己写文章的才能何等自信！不过这种自我评价的确符合苏文成就的实际。孔凡礼整理的《苏轼文集》，达到了一百五十万字，数量之巨唐宋八大家中无人能及，而其所涉及的文体，几乎包括了各种古代文章，且名篇佳作迭出，可谓名副其实的文章大家。

按照《苏轼文集》的分类，有赋、论、书义、孟子义、庄子解、三传义、易解、讲筵进记、策问、杂策、策、序、说、记、传、墓志铭、行状、碑、铭、颂、箴、赞、偈、表状、奏议、制敕、内制赦文、内制诏敕、内制敕书、内制口宣、内制批答、内制国书、内制青词、内制朱表、内制疏文、内制斋文、内制祝文、内制祭文、内制导引歌词、乐语、启、书、尺牍、疏文、青词、祝文、祭文、哀词、杂著、史评、题跋、杂记。

这些文字中，如书义、孟子义、庄子解等属于学术论文，奏议、诏敕、国书等属于政治论文或政府公文，青词、祭文等是宗教性质的文章，启、书、尺牍是写给不同身份人士的书信。最富有文学色彩的是赋和杂记文，包括收在"赋""记"里的大多数文章，再加上收在"杂著""题跋""传"和"杂记"中的一部分。

最脍炙人口的当然首推《赤壁赋》和《后赤壁赋》，以及《记承天寺夜游》《喜雨亭记》《凌虚台记》《超然台记》《放鹤亭记》《石钟山记》《方山子传》等篇。

《记承天寺夜游》和《方山子传》，以及《赤壁赋》《后赤壁赋》，都写于黄州时期，《石钟山记》写于从黄州前往汝州途中。黄州的确是苏轼创作的黄金期。因缘何在？《记承天寺夜游》本身就说明问题：

> 元丰六年十月十二日，夜，解衣欲睡，月色入户，欣然起行。念无与为乐者，遂至承天寺，寻张怀民。怀民亦未寝，相与步于中庭。庭下如积水空明，水中藻、荇交横，盖竹柏影也。何夜无月？何处无竹柏？但少闲人如吾两人者耳。

全文只有八十五个字，可以说是信笔写来，毫无"做文章"的拿捏架势，就是真实地记述了一次夜游的情况和心情感受。寥寥数行，之所以具有感人的艺术魅力，其实在于苏轼的性情心境，是大多数人都衷心向往的，却又是大多数人都无法达到的。只有真正具备了"闲人"的心态——也就是"诗意的栖居"，才能够发现常人熟视无睹的生活中的美妙。苏轼不仅写出了这种美妙，而且道出了为什么世人多感受不到随时随地存在的生活之美的原因。篇幅虽极短小，真、美、善也就是史、文、哲三大元素全有了。发现、享受和体会到生活的美，自然的美，需要心态心情，而这种心态心情的获得，又是性情、修养和际遇所促成的。苏轼被贬黄州，虽然是仕途的挫折，却又是审美的机缘，这种生活的辩证法多么耐人寻味。

两次游览黄州赤壁，是在游承天寺的前一年，元丰五年，一次在七月，一次在十月。《赤壁赋》更具有传统赋的明显特征，用主客问答的形式，骈句与散句自然交错，描写了长江月夜幽雅清丽的景色，抒发了宇宙无穷人生有限的道禅哲学，因游起兴，见景生情，由情入理，即景即情即理，幻为盎然的诗境。全文可说是句句珠玑，有的是描写性的，有的是抒情性的，有感慨，有思考，而最后归结于超脱逸宕的人生态度，情景交融，天人合一，文学历史哲学打成一片，具有极大的艺术感染力：

清风徐来，水波不兴。举酒属客，诵明月之诗，歌窈窕之章。少焉，月出于东山之上，徘徊于斗牛之间。白露横江，水光接天。纵一苇之所如，凌万顷之茫然。

…………

客有吹洞箫者，倚歌而和之。其声呜呜然，如怨如慕，如泣如诉；余音袅袅，不绝如缕。舞幽壑之潜蛟，泣孤舟之嫠妇。

⋯⋯⋯⋯⋯⋯

　　客曰："'月明星稀，乌鹊南飞。'此非曹孟德之诗乎？西望夏口，东望武昌，山川相缪，郁乎苍苍。此非曹孟德之困于周郎者乎？方其破荆州，下江陵，顺流而东也，舳舻千里，旌旗蔽空；酾酒临江，横槊赋诗，固一世之雄也，而今安在哉！"

七月的长江赤壁，虽然月夜幽渺，毕竟有夏季的葱郁蓬勃之气韵，而到了十月，叶落水寒，秋风萧瑟，景色感受自然更显苍凉，《后赤壁赋》就更具一种冷肃的氛围：

　　江流有声，断岸千尺，山高月小，水落石出。曾日月之几何，而江山不可复识矣。予乃摄衣而上，履巉岩，披蒙茸，踞虎豹，登虬龙，攀栖鹘之危巢，俯冯夷之幽宫。盖二客不能从焉。划然长啸，草木震动，山鸣谷应，风起水涌。予亦悄然而悲，肃然而恐，凛乎其不可留也，返而登舟，放乎中流，听其所止而休焉。时夜将半，四顾寂寥。适有孤鹤，横江东来。翅如车轮，玄裳缟衣，戛然长鸣，掠予舟而西也。

江流，断岸，小月，大石，孤身攀岩，向空长啸，一种悲凉恐肃的情绪油然而生。而忽然一只孤鹤飞来掠过，更增人生的寂寥神秘之感慨。后来曹雪芹写林黛玉和史湘云在中秋月夜联句，一只鹤的黑影让史湘云吟出了"寒塘渡鹤影"的绝妙好辞，正是从《后赤壁赋》中化用演绎的。

前后《赤壁赋》和《记承天寺夜游》是写景抒情的绝构，《方山子传》则是素描人物的名篇。此篇作于元丰四年。方山子即陈慥，字季常，是苏轼的老朋友，苏轼初登仕途任凤翔府签判时顶头上司知府陈希亮之幼子。陈季常幼为侠少年，长为隐君子，是一个行为奇特的"异人"。此文不是像一般传记历述传主的世系和生平行事，而是选择几个独特的镜头，把方山子早年的侠气豪情与晚年的恬淡隐逸作对照，突出其奇异的思想行为方式，再把其阀阅世家的富有和独居深山甘于穷乏的生活作对照，突出其隐居的神秘色彩，既非闲人好自然而隐，也非仕人失意之隐，然后含蓄地暗示方山子乃"阳（佯）狂污垢"，别有襟抱，使这位奇人异士更加耐人寻味。

　　余谪居于黄，过岐亭，适见焉。曰："呜呼！此吾故人陈慥季常也。何为而在此？"方山子亦矍然问余所以至此者，余告之故，俯而不答，仰而笑。呼余宿其家，环堵萧然，而妻子奴婢皆有自得之意。余既耸然异之。

　　独念方山子少时，使酒好剑，用财如粪土。前十有九年，余在岐下，见方山子从两骑，挟二矢，

154

游西山，鹊起于前，使骑逐而射之，不获。方山子怒马独出，一发得之。因与余马上论用兵及古今成败，自谓一世豪士。今几日耳，精悍之色，犹见于眉间，而岂山中之人哉！

然方山子世有勋阀，当得官，使从事于其间，今已显闻。而其家在洛阳，园宅壮丽，与公侯等；河北有田，岁得帛千匹，亦足以富乐。皆弃不取，独来穷山中，此岂无得而然哉？

苏轼的记叙文中往往掺夹议论，这自然因他学殖丰富，好学深思，也和时代氛围和风气有关。苏轼文的特点是他的议论都能与所记述的事物自然吻合，毫无牵强附会之感。而其表现方式，更是活泼灵动，多姿多彩，先叙后议，先议后叙，夹叙夹议，设譬论理，由此及彼，层层递进，多方推敲，随心所欲，水到渠成。比如著名的《石钟山记》，一头一尾发表议论，中间是月夜乘小船探游石钟山的描写刻画，结构自然而严谨。开头对前人关于何以石钟山以"钟"名山的不同说法提出疑问："石之铿然有声者，所在皆是也，而此独以钟鸣，何哉？"经过中间一段亲自探游后，结尾则以问作答，得出哲理性的结论："事不目见耳闻，而臆断其有无，可乎？"

中间的描摹更写得声色俱佳，使用了比喻、夸张、白描、渲染、象声等写作技巧：

> 至暮夜月明，独与迈乘小舟至绝壁下。大石侧立千仞，如猛兽奇鬼，森然欲搏人；而山上栖鹘，闻人声亦惊起，磔磔云霄间；又有若老人咳且笑于山谷中者，或曰："此鹳鹤也。"余方心动欲还，而大声发于水上，噌吰如钟鼓不绝。舟人大恐。徐而察之，则山下皆石穴罅，不知其浅深，微波入焉，涵澹澎湃而为此也。

苏轼幼年就喜欢《孟子》和战国纵横家的文章，对滔滔雄辩议论纵横的文风十分心仪，后来又欣赏《庄子》自然恣肆联想无端的奔放奇特风格，这是他文章之所以如行云流水而随物赋形又好发议论的传统资源。因此，苏轼对议论文也十分擅长，他的许多史论和政论都兼有美文性质，艺术感染与逻辑论述相结合，夹叙夹议夹抒情。当然，说到底，这还是和苏轼不仅是一位文人而且是一位政治家和思想者密不可分。

常被研究者举例或选家选为范文的是《留侯论》和《贾谊论》。《留侯论》作于宋仁宗嘉祐六年，是应制之作，即应考的文章。留侯即张良，字子房，乃辅佐刘邦建立汉朝功勋卓著的"汉初三杰"（另外两人是萧何和韩信）之一，是一位富有传奇色彩的人物。特别是张良年轻时雇用壮士在博浪沙椎击秦始皇而误中副车，遇圯上老人得传授兵书，后来汉朝建立后又功成身退"从黄石公游"，种种事迹传说，让张良极富有历史魅力。司马迁撰《留侯世家》，是《史记》的名篇之一。

苏轼在《留侯论》中评论张良，开头就说："古之所谓豪杰之士者，必有过人之节。人情有所不能忍者，匹夫见辱，拔剑而起，挺身而斗，此不足为勇也。天下有大勇者，卒然临之而不惊，无故加之而不怒。此其所挟持者甚大，而其志甚远也。"既是"论"，当然以议论为文之开端。

文章紧接着以圯上老人让张良穿靴的传说为议论中心，展开评论，认为圯上老人看到张良冒险行刺秦始皇，是"子房不忍忿忿之心，以匹夫之力，而逞于一击之间"，"此圯上老人所为深惜者也，是故倨傲鲜腆而深折之，彼其能有所忍也，然后可以就大事"。后面又以郑伯和勾践都是能"忍小忿而就大谋"者而成功为例，以刘邦和项羽之成败原因也是"在能忍与不能忍之间而已矣"，而当韩信要称王时"高祖发怒，见于词色"，多亏了张良，才让刘邦抑制了"刚强不忍之气"等，把"能忍"才能成功的中心论点论述得水落石出，雄辩而富有气势，正是苏文汪洋恣肆风格的体现。

作为文章来说，紧紧扭住中心论点，而选择恰当的史料为例证，正反对比，层层深入，议论风发，颇有感染力。当然，此文也相当明显地反映出苏轼早年受纵横家文风的影响，后经历挫折历练，在《答李端叔书》中，苏轼对自己早年的文风曾作反省："轼少年时，读书作文，专为应举而已……故每纷然诵说古今，考论是非……妄论利害，搀说得失，此正制科人习气，譬之候虫时鸟，自鸣自已，何足为损益。"

《贾谊论》也是嘉祐六年应制科考时所献二十五篇《进论》之一。此文评论贾谊"不能善用其才"，急于求成而不能忍耐待时，遇到挫折就悲苦自伤，志大而量小，才有余而识见不够，终于造成了人生悲剧。这篇文章与《留侯论》正好形成对照：张良由不能忍而变得能忍，终成大事；贾谊终不能忍而导致人生失败。所谓："夫君子之所取者远，则必有所待；所就者大，则必有所忍。"两篇文章的论述风格也大体相近，行文纵横，笔致流动，气充理实，颇具感染力。当然，也存在对贾谊成败原因分析过于单纯简单的问题。

学者分析总结苏轼写文章的技巧，已经有很多研究。如苏轼对文章的虚、实、详、略的处理都得心应手，达到了清朝刘熙载《艺概》中所谓"如云龙雾豹，出没隐见，变化无方"的境界。又如文章开头和结尾的写作方法，可以分为几种类型：

一是开头揭示通篇大旨，提纲挈领，主题先行，然后再展开记叙和论述。如《喜雨亭记》《宝绘堂记》《超然台记》《净因院画记》《滕县公堂记》等。

二是开头就记事记人，娓娓道来，渐入堂奥。这类文章在杂记文中最多。如《凌虚台记》《墨妙亭记》《醉白堂记》《眉州远景楼记》《放鹤亭记》等。

三是开头旁敲侧击地发议论，再一层一层贴近主题，不像第一类开门见山。如《墨君堂记》《盖公堂记》《李氏山房藏书记》等。

四是开头阐述写作的因由，交代文章为何人何事而作。如《庄子祠堂记》《思堂记》等。

文章的结尾也有不同的写作方法：

一是总结全文，概括主旨，画龙点睛。如《清风阁记》《凌虚台记》《钱塘六井记》等。

二是在叙述完毕后，提出下一步的希望，留下袅袅余音。如《盖公堂记》《灵壁张氏园亭记》等。

三是点出作文的因由，即最后才交代因何人何事而作此文，和开头予以说明的相反。如《醉白堂记》《宝绘堂记》等。

四是在结尾点出所记的事情或者补充一段记事。如《四菩萨阁记》《黄州安国寺记》等。

五是在文章正文已经完结后，再加上一首歌或铭。如

《放鹤亭记》《潮州修韩文公庙记》等。

苏轼写作的题跋文数量可观，这类文章随意写来，短小精悍，意味隽永。明徐师曾说："题跋者，简编之后语也。"跋文是写在诗、文、字、画等后面的感想、说明、议论等文字，题记的内容则更广泛一些，游览有感，人生有悟，都题记留志。这些题跋往往言简意赅，时出妙语，有的富有哲理性，有的饶有幽默风趣，有的洋溢着浓郁的感情，有的勾勒人物点染物品，三五笔却栩栩如生。试举数例：

> 卫懿公好鹤，以亡其国；房次律好琴，得罪至死；乃知烧煮之士，亦自有理。

> （《琴鹤之祸》）

> 轼自省事，便欲一见范文正公，而终不可得。览其遗迹，至于泫然。人之云亡，邦国殄瘁，可不哀哉！

> （《跋范文正公帖》）

> 登州蓬莱阁上，望海如镜面，与天相际。忽有如黑豆数点者，郡人云："海舶至矣。"不一炊久，已至阁下。

> （《蓬莱阁记所见》）

> 处处见欧阳文忠书，厌轩冕思归而不可得者，十常八九。乃知士大夫进易而退难，可以为后生汲

汲者之戒。元祐五年三月八日，偶与杨次公同过刘景文。景文出此书，仆与次公，皆文忠客也。次公又效其抵掌谈笑，使人感叹不已。

（《题刘景文所收欧阳公书》）

苏轼给家人友朋写的书信尺牍数量很大，那更是内容广泛，性灵流露，意生笔随，兴尽则止。这些笺文对于我们了解苏轼的生平交游和思想感情是宝贵的资料，作为文艺作品欣赏，也会收获良多。尤其是两次流放，即黄州和惠州、儋州时期所写下的书信，更由于处境心境的特别而情感浓郁意味深长。比如他在广东曾寓居江边合江楼，在一封给时任广东提刑的表兄程正辅的书信中这样写道：

轼入冬，眠食甚佳。几席之下，澄江碧色，鸥鹭翔集，鱼虾出没，有足乐者。又时走湖上，观作新桥。掩骼之事，亦有条理，皆粗慰人意。盖优哉游哉，聊以卒岁，知之免忧。药钱亦已如请。比来数事，皆蒙赐左右，此邦老稚，共荷戴也。乍寒，万万自重，不宣。

信中所提到的"作新桥""掩骼"和"药钱"等，都是苏轼发起为当地人民谋福利的善举，得到了程正辅的支持而得以实现。苏轼在信中高兴地告诉他一切顺利进行的好消息，其仁者之心和达者之态跃然纸上。

苏轼的文章对后世影响深远。晚明小品文作家，如公安派的袁宗道、袁宏道、袁中道，竟陵派的钟惺、谭元春、刘侗，以及徐渭、汤显祖、陈继儒、李流芳、王思任、祁彪佳、张岱等，都受到苏轼个性化、主体性突出的小品文的泽润，直到清代的张潮、袁枚，乃至近现代的周作人、林语堂、俞平伯、梁实秋等，苏轼文章其实都是他们心中的文章大宗伯。

书画：郁郁芊芊发于笔墨

苏、黄、米、蔡，号称北宋书法四大名家，苏是苏轼，黄是黄庭坚，米是米芾，蔡是蔡襄。黄庭坚是所谓苏门四学士之一，又与苏轼并为同代书家，他对苏轼的书法造诣有许多评议。如："予谓东坡书，学问文章之气，郁郁芊芊，发于笔墨之间，此所以他人终莫能及尔。""翰林苏子瞻，书法娟秀，虽用墨太丰，而韵有余，于今为天下第一。""东坡尝自评作大字不若小字。以余观之，诚然。然大字多得颜鲁公《东方先生画赞》笔意。虽时有遗笔不工处，要是无秋毫流俗。"

苏轼的书法作品保留下来的不少。南宋时，汪应辰就编辑了他搜集到的东坡法帖，在成都西楼刊刻，时称《西楼帖》。陆游又选取《西楼帖》中的精品再编为《东坡书髓》。《西楼帖》后来历朝历代屡被翻刻。现在北京和台北两故宫、上海图书馆，以及中国台湾和日本的一些私家收藏者，都存有不少纸本真迹或宋拓法帖。1991年，北京荣宝斋编辑出版了《中国书法全集》，其中《苏轼》两卷，把《西楼帖》打散，而和各种纸本、拓本按照创作时间顺序编年排印，共一百六十四种，这是迄今为止最全备的苏轼存世书法集本。

苏轼书法的演变历程，黄庭坚将其分为早、中、晚三个时期。他说：东坡道人少时学《兰亭》，故其书姿媚似徐季海（浩）。至酒酣放浪，意忘工拙，字特瘦劲，乃似柳诚悬（公权）。中岁喜学颜鲁公（真卿）、杨风子（凝式）书，其妙处不减李北海（邕）。至于笔圆而韵胜，挟以文章妙天下、忠义贯日月之气，本朝善书，自当推为第一。数百年后，必有知余此论者。

王水照、朱刚《苏轼评传》认为，考虑到黄庭坚作评论的时间不同，故他对苏轼书法创作的分期有些参差，比如学《兰亭》在"少时"，似徐浩则或说在"少时"，或说在"中年"，似李邕也或说在"中岁"，或说在"晚年"。这也和"少时""中岁""晚年"都是模糊概念有关。大体而言，苏轼学书可以分为三个阶段：最早是学《兰亭》，中间遍学唐代诸大家如徐浩、颜真卿、柳公权，以及五代的杨凝式等，晚年似李邕。而从似徐浩到学颜真卿，也有一个过程，其理路是徐浩兼具"姿媚"和"圆劲"两方面特点，而前者与《兰亭序》有关系，后者与颜真卿相通。颜真卿和李邕则同为"豪壮"。

故而，苏轼的书法学习演变历程，应是：《兰亭序》——徐浩——颜真卿——李邕。这一历程中，有两种要素，即"字"和"笔"，也就是字体追求妍丽姿媚，而笔法趋向豪壮劲健。黄庭坚在《论写字法》中说："盖字中无笔，如禅句中无眼。"所谓"字中笔"，即字体要形式美观，笔法要在笔毫运动中传达出力量，而要点是中锋用笔，才能使写出的线条有神采。苏轼说"草书只要有笔"，意思也是草书的字形随意，关键是笔法。而楷书字形稳定，变化不多，也主要在笔。所以，"字中有笔"主要针对行书而言。

那么，这种行书艺术的精髓何在？那就是以"意"造"字"，以"学"进"笔"。具体内容则是：晋人的字体清丽而潇洒，虽然可以模仿，但主要还是要习者自出新意，自成一体；晋人的笔法难于窥测，唐人则讲究法度，习学者容易从中揣摩笔法。苏轼广泛学习唐代诸书家，正是增进"笔"的功力。黄庭坚认为，苏轼早年追求字的"妍丽"，中年加强了"笔力"，晚年则达到了"字"和"笔"的统一，所以用《兰亭序》、徐浩、颜真卿、李邕作比方。虽然苏轼本人和其子苏迈都否认苏轼取法徐浩，但黄庭坚则始终坚持这种看法，因为他认为苏轼的字笔法圆劲像徐浩，同时徐浩追求字体的姿媚，字形比较肥，和苏轼的字也有相通之处。

苏轼《孙莘老求墨妙亭诗》中的一些句子也透露了类似的消息：

> 兰亭茧纸入昭陵，世间遗迹犹龙腾。
>
> 颜公变法出新意，细筋入骨如秋鹰。
>
> 徐家父子亦秀绝，字外出力中藏棱。
>
> 峄山传刻典刑在，千载笔法留阳冰。
>
> 杜陵评书贵瘦硬，此论未公吾不凭。
>
> 短长肥瘦各有态，玉环飞燕谁敢憎？

其中的"徐家父子"就是说的徐峤之和徐浩父子。后人评徐浩字"为怒猊抉石，渴骥奔泉"。而徐浩论书法说："初学之际，宜先筋骨，筋骨不立，肉何所附？"苏轼对徐浩的字评价很高，只是他更喜欢别人把自己比作李邕。

除自己挥毫作书外，苏轼时常与友人观赏书法作品，或自书自赏，并予以题跋。《苏轼文集》第六十九卷共收书帖题跋一百一十九则。从中既可以看到苏轼对书法的深厚造诣，也可以从一个侧面了解他的文化交游和书家生活。试引录两三则：

> "余学草书凡十年，终未得古人用笔相传之法。

后因见道上斗蛇，遂得其妙，乃知颠、素之各有所悟，然后至于如此耳。"留意于物，往往成趣。昔人有好草书，夜梦则见蛟蛇纠结。数年，或昼日见之，草书则工矣，而所见亦可患。与可之所见，岂真蛇耶，抑草书之精也？予平生好与与可剧谈大噱，此语恨不令与可闻之，令其捧腹绝倒也。

（《跋文与可论草书后》）

仆醉后，乘兴辄作草书十数行，觉酒气拂拂，从十指间出也。

（《跋草书后》）

凡世之所贵，必贵其难。真书难于飘扬，草书难于严重，大字难于结密而无间，小字难于宽绰而有余。

今君所藏，抑又可珍，卷之盈握，沙界已周，读未终篇，目力可废，乃知蜗牛之角可以战蛮触，棘刺之端可以刻沐猴。

嗟叹之余，聊题其末。

（《跋王晋卿所藏〈莲华经〉》）

其实，在当世书家中，苏轼最推崇蔡君谟，也就是蔡襄。他认为蔡的书法当世第一。

作字要手熟，则神气完实而有余韵，于静中自是一乐事。然常患少暇，岂于其所乐常不足耶？自苏子美死，遂觉笔法中绝。近年蔡君谟独步当世，往往谦让不肯主盟。往年，予尝戏谓君谟，言学书如溯急流，用尽气力，船不离旧处。君谟颇诺，以谓能取譬。今思此语已四十余年，竟如何哉？

（《记与君谟论书》）

欧阳文忠公论书云："蔡君谟独步当世。"此为至论。言君谟行书第一，小楷第二，草书第三。就其所长而求其所短，大字为小疏也。天资既高，辅以笃学，其独步当世，宜哉！近岁论君谟书者，颇有异论，故特明之。

（《论君谟书》）

如君谟真、行、草、隶，无不如意，其遗力余意，变为飞白，可爱而不可学，非通其意，能如是乎？

（《跋君谟飞白》）

余评近岁书，以君谟为第一，而论者或不然，殆未易与不知者言也。书法当自小楷出，岂有正未能而以行、草称也？君谟年二十九而楷法如此，知其本末矣。

（《跋君谟书赋》）

167

研究者认为，蔡襄的书法成就，是在书法凋零的北宋前期，最早筚路蓝缕，兼师前此各名家，全面继承和发扬传统，达到了相当精妙的水平，从而为后人奠定了基础，而其不足，则是学前人贪多务得，入而不返，创造性不够。而苏轼则很早就进入了"尚意"的新境界。治平元年，苏轼年方二十九岁，在凤翔结识了画家文同（也是表兄，字与可），又在长安结识了书法家石苍舒。也是在这一年，苏轼在给弟弟苏辙的诗中提出了自己的书法理论：

吾虽不善书，晓书莫如我。苟能通其意，常谓不学可。

貌妍容有颦，璧美何妨椭。端庄杂流丽，刚健含婀娜。

好之每自讥，不独子亦颇。书成辄弃去，谬被旁人裹。

体势本阔落，结束入细么。子诗亦见推，语重未敢荷。

尔来又学射，力薄愁官笴。多好竟无成，不精安用伙。

何当尽屏去，万事付懒惰。吾闻古书法，守骏莫如跛。

世俗笔苦骄，众中强蒐骒。钟张忽已远，此语与时左。

（《次韵子由论书》）

前面引录过苏轼的《石苍舒醉墨堂》全诗，其中有句"我书意造本无法，点画信手烦推求"，可以说是对《次韵子由论书》的提纲挈领。说到底，就像他的诗、词和文章一样，苏轼书法思想的核心是尊重前人但更张扬独创，书法也应是人格、学养、境界的自然体现。

苏轼传世的法帖，常被称道者有《黄州寒食诗帖》《赤壁赋》《答谢民师书》与《祭黄几道文》等，而以《黄州寒食诗帖》最享盛名，元代鲜于枢号为"天下第三行书"（第一第二分别是王羲之的《兰亭集序》和颜真卿的《祭侄季明文稿》）。此帖长卷，纸本，纵 34 厘米，横 119.5 厘米，现藏于台北"故宫博物院"。

所书帖乃《寒食雨二首》，是两首五言诗，作于被贬黄州的第三年四月寒食节，即元丰五年吟成，而书写的时间，有人认为可能在第二年，或元丰七年离开黄州以后。元符三年（1100），法书的收藏者蜀州张氏拿出来邀黄庭坚观赏，并请他书写了一则题跋。寒食诗如下：

一

自我来黄州，已过三寒食，年年欲惜春，春去不容惜。
今年又苦雨，两月秋萧瑟。卧闻海棠花，泥污燕脂雪。
暗中偷负去，夜半真有力。何殊病少年，病起头已白。

二

春江欲入户，雨势来不已。小屋如渔舟，蒙蒙水云里。
空庖煮寒菜，破灶烧湿苇。那知是寒食，但见乌衔纸。
君门深九重，坟墓在万里。也拟哭途穷，死灰吹不起。

这是苏轼被贬谪情绪的自然发泄，虽说性情旷达，遇到阴雨连绵的寒食节，想到自己已被贬三年，君心难测，起复无期，而家乡和父祖陵墓又远在万里之外，情绪难免波动，不由得牢骚满腹。黄庭坚的跋语说："东坡此诗似李太白，犹恐太白有未到处。此书兼颜鲁公、杨少师、李西台笔意。诚使东坡复为之，未必及此。它日东坡或见此书，应笑我于无佛处称尊也。"说诗李太白所不及，未免夸诞，评骘书法，自是行家里手。

明代的董其昌，也在《寒食帖》后题写跋赞："余生平见东坡先生真迹不下三十余卷，必以此为甲观。"到了清代，《寒食帖》被收归皇家内府，并列入《三希堂帖》。乾隆十三年（1748）四月初八日，乾隆帝亲自题跋于帖后："东坡书豪宕秀逸，为颜、杨后一人。此卷乃谪黄州日所书，后有山谷跋，倾倒至极，所谓无意于佳乃佳。"又特书"雪堂馀韵"四字于卷首。

《黄州寒食诗帖》用笔自然沉着，缓起渐快，全篇松紧敧侧，或清俊劲爽，或沉着顿挫，字体忽然大忽然小，有宽有窄，参差错落，但总体是由小渐大，笔画由细渐粗，墨色始淡终浓，用笔重的字好像猛熊伏蹲，用笔轻的字则似轻燕掠过，有的字尖笔长竖，锋锐异常，如"苇"和"纸"的下笔。"空庖"两字很小，而仅隔了三个字的"破灶"却很大；"在万里"三字更小，而"哭途穷"三字又陡然变成浓墨大字。强烈的对比传达出波荡的情绪。全篇布局疏密有度，既沉郁苦闷又洒脱疏朗之气韵跃然纸上。诗句中心境情感的变化，在书法点画线条的变化中自然呈现，或正锋，或侧锋，转换多变，顺手断联，浑然天成。如果把"天下三大行书"作对比，可以说《兰亭序》是雅人逸士的风韵，《祭侄帖》是忠臣烈士的风骨，《寒食帖》则是才子学士的风情，后先媲美，各领风骚，不愧是中国书法史上行书的三块里程碑。

苏轼与黄、米、蔡三家，都有很深的交谊。蔡襄比苏轼年长二十四岁，是长辈，苏轼与蔡襄论书已见上引。黄庭坚是苏门四学士之一，他在书法上论苏颇多，但也不是单向的，而互有交流，有时彼此开开玩笑，如苏轼嘲黄庭坚的字瘦，像"树梢挂蛇"，而黄庭坚笑苏轼的字肥，如"石压蛤蟆"。苏轼也为黄庭坚的书法写跋文，如《跋黄鲁直草书》："草书只要有笔，霍去病所谓'不至学古兵法'者为过之。鲁直书。"《跋鲁直为王晋卿小书〈尔雅〉》："鲁直以平等观作敧侧字，以真实相出游戏法，以磊落人书细碎事，可谓三反。"

米芾，字元章，更是一位个性独特甚至有些怪异的文士，号称"米颠"。宋代程俱《北山小集》中形容他："公风神散朗，姿度瑰玮，音吐鸿畅，谈辩风生，东西晋人也。"元祐年间，他曾参加了以苏轼兄弟为中心的十六位旧党人士出席的"西园雅集"，唱和酬答，品书论画。米芾穿"唐巾深衣"的奇装异服，最引人瞩目。他曾这样描述这次文坛盛事：

> 炉烟方袅，草木自馨，人间清旷之乐，不过于此。嗟乎！汹涌于名利之域而不知退者，岂易得此耶。自东坡而下，凡十有六人，以文章议论，博学辨识，英辞妙墨，好古多闻，雄豪绝俗之姿，高僧羽流之杰，卓然高致，名动四夷。

（《宝晋英光集》）

《苏轼文集》中有二十八首给米芾的尺牍，直到快去世时，仍有给米芾的信："某一病几不相见，今日始觉有丝毫之减，然未能作书也。跋尾在下怀。"而在苏轼还朝任翰林学士时，有两封简札谈到了书法："示及数诗，皆超然奇逸，笔迹称是，置之怀袖，不能释手。异日为宝，今未尔者，特以公在尔。呵呵。临古帖尤妙，获之甚幸，灯下昏花，不复成字，谨已降矣，余未能尽，俟少暇也。""某恐不久出都，马梦得亦然，旦夕间一来相见否？乞为道区区。惠示殿堂二铭，词翰皆妙，叹玩不已。新著不惜频借示。"

书画同源，苏轼也是一位杰出的画家。文献记载苏轼的作品有《枯木竹石图》《雪鹊》《墨花》《草虫》《应身弥勒》《乐工图》《举扇障面自画像》，并与李公麟合作《翠石古木图》《枯搓寿木丛筱图》《小山枯木图》等，不过传世的极少，似乎只有现存于日本的《枯木竹石图》是公认的真迹，近年来发现的《潇湘竹石图》据说也是他的作品。

苏辙《龙川略志》中说："予兄子瞻尝从事扶风，开元寺多古画，而子瞻少好画，往往匹马入寺，循壁终日。"《苏轼诗集》中也保留着不少古寺观画的记录，前文已经有所涉及。

> 何处访吴画？普门与开元。开元有东塔，摩诘
> 留手痕。吾观画品中，莫如二子尊。道子实雄放，
> 浩如海波翻。当其下手风雨快，笔所未到气已吞。
> 亭亭双林间，彩晕扶桑暾。……吴生虽妙绝，犹以
> 画工论。摩诘得之于象外，有如仙翮谢笼樊。吾观
> 二子皆神俊，又于维也敛衽无间言。
>
> （《凤翔八观·王维吴道子画》）

把王维抬高到吴道子之上，说"吴生虽妙绝，犹以画工论"，这实际上已经提出新的绘画理论："文人画"高于"匠人画"。苏轼从此逐渐成了一位重要的绘画理论家。"文人画"从苏轼开始变得自觉，并愈益成为一种影响了当代和后世的美学理论范型。虽然苏轼对吴道子也给予极高的评价，在《书吴道子画后》如是说："智者创物，能者述焉，非一人而成也。君子之于学，百工之于技，自三代历汉至唐而备矣。故诗至于杜子美，文至于韩退之，书至于颜鲁公，画至

于吴道子，而古今之变，天下能事毕矣。道子画人物，如以灯取影，逆来顺往，旁见侧出，横斜平直，各相乘除，得自然之数，不差毫末，出新意于法度之中，寄妙理于豪放之外，所谓游刃余地，运斤成风，盖古今一人而已。余于他画，或不能必主其名，至于道子，望而知其真伪也。然世罕有真者，如史全叔所藏，平生盖一二见而已。"

尽管吴道子的艺术成就"古今之变，天下之能事毕矣"，但比起王维来，还是差了一个层次，因为王维画中有诗。苏轼在《书摩诘蓝田烟雨图》中早已提出："味摩诘之诗，诗中有画。观摩诘之画，画中有诗。"说到底，这也就是"形似"和"神似"的差距，也就是"画工"与"士人画"的区别。这在另外两首跋文中说得更为透彻：

唐人王摩诘、李思训之流，画山川峰麓，自成变态，虽萧然有出尘之姿，然颇以云物间之。作浮云杳霭，与孤鸿落照，灭没于江天之外，举世宗之，而唐人之典刑尽矣。近岁惟范宽稍存古法，然微有俗气。汉杰此山，不古不今，稍出新意，若为之不已，当作着色山也。

（《又跋汉杰画山二首·其一》）

观士人画，如阅天下马，取其意气所到。乃若画工，往往只取鞭策皮毛槽枥刍秣，无一点俊发，

174

看数尺许便卷。汉杰真士人画也。

（《又跋汉杰画山二首·其二》）

苏轼后来和文同、李公麟、王诜、米芾等文人画家交往频繁，更加强了"文人画"开宗立派的势力。苏轼画墨竹，以文同为师，二人对五代的墨竹画法加以改造，特点是以淡墨为叶背，以浓墨为叶面，竹子的枝叶不再双勾，而纯以水墨来画，但仍尽力肖似真竹子，形象真实具体。苏轼和文同一起开创了"湖州竹派"，文同画竹子，都要苏轼题款。

苏轼和李公麟多次合作作画，《竹石牧牛图》苏轼画竹丛怪石，李公麟画牧童骑牛。《翠石古木图》，李作长松，苏画坡石。前面说到米芾描述"西园雅集"，那是在驸马王诜的府第中，而李公麟则画了《西园雅集合图》。王诜本人是一位山水画家，是苏轼最亲密的朋友之一。朋友间的轶事很多。苏轼被贬黄州时，米芾去看望，苏轼把珍藏的吴道子的画拿出来共同观赏，当米芾辞别时，苏轼又趁着酒兴画了两竿疏竹，再补上枯木和怪石送给他。米芾看到苏轼画的墨竹从底部一笔画到顶端，而不像其他画家画竹子分节，感到奇怪，问苏轼为何这样画，苏轼回答说：竹子生长时何尝逐节分呢？这种不斤斤计较于细节而从整体上画出对象的精神正是文人画和工匠画的分野。这使米芾大受启发，对苏轼所画枯木怪石，他更是感叹"运思清拔"。在晚年所著《画史》中，米芾记下了这些故事："苏轼子瞻家收吴道子画像及侍者志公十余人，破碎甚，而当面一手，精彩动人，点不加墨，口浅深晕，故最如活。""子瞻作枯木，枯木虬屈无端，石皴硬亦怪怪奇奇无端，如胸中盘郁也。"

而这张苏轼所送的珍贵画幅，"后王晋卿（王诜字晋卿）借去不还"。苏轼当年作画送朋友并不稀罕，他的简札中留有痕迹："画不能皆好，醉后画得一二十纸中，时有一纸可观，然多为人持去。于君岂复有爱，但卒急画不成也。今后当有醉笔，嘉者聚之，以须的信寄去也。""数日前，饮醉后作得顽石乱筱一纸，私甚惜之，念公笃好，故以奉献，幸检至。"

苏轼有其他人难以企及的多才多艺、通才达识，又有难能可贵的独立自主创新精神，自然会把各种文艺、学术都融会和打通，而在不同的领域都呈现生机盎然的崭新局面。他说："诗不能尽，溢而为书，变而为画，皆诗之余。"又说："某平生无快意事，惟作文章，意之所到，则笔力曲折无不达意，自谓世间乐事无逾此者。"孔子曾说文章的最高境界其实就是"辞达而已矣"，苏轼的文章、诗、词、赋，乃至书法、绘画等，都达到了"无不达意"的境界，确实不愧一代文宗、学界泰山、艺苑北斗。让我们吟诵苏轼那首有名的论诗画一体的诗作，结束对苏轼书画艺术的回顾吧：

论画以形似，见与儿童邻。

赋诗必此诗，定非知诗人。

诗画本一律，天工与清新。

边鸾雀写生，赵昌花传神。

何如此两幅，疏淡含精匀。

谁言一点红，解寄无边春。

（《书鄢陵王主簿所画折枝二首·其一》）

第5章

思想之丰与通

儒：蜀学曾领风骚

流行的中国思想史、哲学史、儒学史，对宋代，主要是着重介绍"北宋五子"，即"理学宗主"周敦颐、象数学家邵雍、"大化"秦人的关学领袖张载和理学的奠基者程颢、程颐兄弟，以及南宋的理学集大成者朱熹和心学的创立者陆九渊。苏洵和苏轼、苏辙的蜀学则往往被忽略。

其实，三苏的蜀学和王安石的新学都曾经是领时代风骚的显学。清代黄宗羲原著《宋元学案》，全祖望补修时加入卷九十八《荆公新学略》和卷九十九《苏氏蜀学略》，就是分别介绍王安石的新学和三苏父子的蜀学。今人王水照、朱刚《苏轼评传》，列入"中国思想家评传丛书"，对三苏特别是苏轼的哲学、史学等作了一些梳理，认为："从哲学史上讲'蜀学'，则当与'新学''洛学''关学'等并列，指一种哲学理论体系，它的成熟表现形式，就是苏轼哲学。在这个意义上，所谓'蜀学'也可称为'苏学'，亦即苏轼的哲学理论体系。它既与'新学'等并列，说明它是与王安石、程颐、张载等人的学说有所异趣，自具特色的一家之学。"

那么，苏轼的哲学理论体系，表现在哪些著述中？又在哪些方面有其独特的建树呢？苏轼著有《东坡易传》《东坡书传》《东坡论语传》三部儒学学术著作，此外还有《中庸论》等多篇论文。其中《易传》由苏洵首创，苏辙也写了一部分，最后由苏轼完稿，实际上是三苏合力完成。四库全书编纂时，馆臣在《东坡易传》的"提要"中说："苏籀《栾城遗言》记苏洵作《易传》未成而卒，嘱其二子述其志，轼书先成，辙乃送所解于轼，今《蒙》卦犹是辙解，则此书实苏氏父子兄弟合力为之，题曰轼撰，要其成耳。"

苏轼对自己的学术建树相当看重，因为在传统时代，儒学是正统意识形态，其地位远在诗词歌赋等文学创作之上，书法绘画等就更是才艺游戏的"余事"了。苏轼晚年作《答苏伯固简》，感慨说："抚视《易》《书》《论语》（指《东坡易传》《东坡书传》《东坡论语传》）三书，即觉此生不虚过。"苏轼在黄州时给滕达道的信中也说："某闲废无所用心，专治经书。一二年间，欲了却《论语》《书》《易》，舍弟了却《春秋》《诗》。虽拙学，然自谓颇正古今之误，粗有益于世，瞑目无憾。"在海南时给李端叔信中则说："所喜者，海南了得《易》《书》《论语》传数十卷，似有益于骨朽后人耳目也。"他还在《送蜀僧去尘》诗中说"十年读《易》费膏火"，对治学有得颇感自慰。苏轼钻研儒学一生没有间断，特别是贬谪黄州与海南期间，更使他有充足的时间去埋头治学。

苏轼的门人弟子也更看重蜀学门庭而非诗词文章，如秦观在一封书信中说："阁下谓蜀之锦绣，妙绝天下，苏氏蜀人，其于组丽也，独得之于天，故其文章如锦绮焉。其说信美矣，然非所以称苏氏也。苏氏之道，最深于性命自得之际。其次则器足以任重，识足以致远；至于议论文章，乃其与世周旋，至粗者也。阁下论苏氏，而其说止于文章，意欲尊苏氏，适卑之耳。"所谓"最深于性命自得之际"，就是说对儒学的义理阐解是有关"道"和"立德、立言"的，用现代语言表述，就是"价值根基"和"终极意义"；"其次则器足以任重，识足以致远"则是有关"立功"的，这是古人最看重的"三不朽"。至于诗词文章等不过是"与世周旋，至粗者也"的雕虫小技而已。

苏辙对父兄之学这样评价："父兄之学，皆以古今成败得失为议论之要。以为士生于世，治气养心，无恶于身。推是以施之人，不为苟生也。不幸不用，犹当以其所知著之翰墨，使人有闻焉。"这是说三苏之学，可以分治心与治世两个方面，用传统的说法是"内圣外王"，用曾一度流行的理论话语说，则是所谓改造主观世界和改造客观世界。当然，"以古今成败得失为议论之要"，那就是说"外王"或改造客观世界更是重点。因此，苏学或者说蜀学，其表现和内容有以下这样几个方面。

对传统儒家的经和传，旁涉儒家之外的诸子，三苏颇多"疑古"之见，对成说旧说多有疑辨，不务章句考证而重义理发明。四库全书馆臣在《东坡易传》"提要"中评价："推阐理势，言简意明，往往足以达难显之情，而深得曲譬之旨。盖大体近于王弼，而弼之说惟畅元（玄）风，轼之说多切人事。其文辞博辩，足资启发。"这是说苏学与王弼解《易》都是走义理的路子，不过王弼更着重形而上的玄思，而苏氏则虽然也主要是阐发义理，但更结合具体的历史和社会事实。也就是说，《东坡易传》在方法上接近王弼，而在具体内容和归宿上又有别于王弼。王弼是魏晋著名的思想家，他的《周易注》一扫汉人的象数之学，而侧重于对《周易》的义理分析。《东坡易传》"推阐理势",同王弼的偏重义理分析比较一致。但苏轼与王弼的不同,在于王弼"惟畅玄风",而苏轼之说"多切人事"。

对北宋学术思潮中的苏学,王水照、朱刚《苏轼评传》梳理为"疑经、辨孟(孟子)、非韩(韩非子)思潮中的一家之学",在分析论证后说:"疑经与尊重原典,辨孟与尊孟,非韩与承韩,是北宋时期学术思潮中的三对矛盾,其实质在于追求'义理'的逻辑性,在于'明道',在于探索'道真',一句话,是要建立一套道学理论。在此风潮当中,各家都建立起了自具特色的理论体系,而苏轼哲学就是其中重要的一家。"

《东坡书传》也被学术界认为是北宋一代治《尚书》最高成就的体现。四库馆臣在"提要"中评价:"轼究心经世之学,明于时势,又长于议论,于治乱兴亡披决明畅,较他经独为擅长。"后来朱熹把《尚书·大禹谟》中"人心惟危,道心惟微,惟精惟一,允执厥中"上升为"《书》之人心道心"的"十六字心法",而产生了深远的影响。其实,首先阐发这一点的是苏轼。朱熹那套后来在元明清成为国家意识形态的学术体系中,不少重要思想也是来自苏轼。朱熹并不讳言这一点,只是他说苏轼并非真正领会,只是因为会作文章而歪打正着而已。《东坡论语传》,苏轼在黄州时已经撰成五卷本，后来在海南改定，在南宋时曾经流传，明以后失传。

由于苏学更注重的是"以古今成败得失为议论之要"，相应的特点就是解释儒家经典时比较灵活，所谓"以权变解经"和"以人情解经"。苏洵在《六经论》中把六经都看成圣人权变下的产物，他说圣人作《易》，"用其机权，以持天下之心，而济其道之无穷"，又说"《礼》之权，穷于易达而有《易》焉，穷于后世之不信而有《乐》焉，穷于强人而有《诗》焉"。这样突出强调权变与圣人经典的关系，以致朱熹非常不满，予以指责说："看老苏《六经论》，则圣人全是以术欺天下也。"苏洵的这种思想对其子苏轼自然也有影响，他早年对战国纵横家颇有兴趣，后来在朝中认为程颐"拘"，缺少权变，"不尽人情"，都是"权变"思想的表现。

以人情解经，有时和权变有联系，即认为权变也要从人情来考虑。苏轼《中庸论》中说："圣人之道，自本观之，则皆出人情。"在《礼以养人为本论》中则说："礼之出，缘诸人情，因其所安者，而为之节文，凡人情之有所安而有节者，皆举礼也，则是礼未始有定论也。执其无定以为定论，则途人皆可以为礼。"苏辙也在《诗论》中说："夫六经之道，惟其近于人情，是以久传而不废。""《诗》者，天下之人，匹夫匹妇，羁臣贱隶，悲忧愉佚之所为作也。"在《进策五道·臣事下·第四道》中说：“圣人之为天下，不务逆人之心。人心之所向，因而顺之；人心之所去，因而废之。”

这种思想理论辐射到文艺创作上，很自然就会主张文章要有为而作，要经世——有益于社会和政治，另一方面，则既然主情，就认为文艺创作要无所拘束，自由恣肆地表情达意。

因此，研究者认为，三苏的蜀学，与后世公认的宋学主流理学，显然有着明显的不同，在疑经方面表现为重变，在重视对理的阐发时发展出了重情、重自然的一面，在“三教合一”的方法论上，不是单向的吸收，而是以情为本进行多维整合。《东坡易传》是蜀学的核心著作，对当时和后世曾产生过很大的影响。王水照、朱刚在《苏轼评传》中说：“苏轼在‘致道’的方法论上，应是一种体验论。体验只能来自亲身的实践，在体验中包含着直觉的提升、知识达到增长与技艺的进步，最后是全身心地与‘道’融合，‘相忘之至’的自由境界。‘咸酸杂众好，中有至味永’，体验的根本要旨在于审美体验。苏轼确是把道学带向审美的领域了。这是为韩柳以来的道学思想开辟了一个新天地，其意义是十分重大的。在中国古代文化史上，苏轼留下了很可能是唯一的一家具有完整理论形态的哲学美学。”这样看来，苏轼在诗、词、文、赋、书法、绘画等方面的惊人造诣，除了天才

184

本身的因素之外，也就有了思想理论的源头。

学者们又爬梳钩稽，还原历史上蜀学曾一度风行的原貌。事实上周敦颐的濂溪之学、司马光的涑水之学、张载的横渠之学、二程的伊川之学，流行的时间都晚于王安石的新学和三苏的蜀学。到北宋灭亡宋室南渡之后，王安石变法的新党被指责为导致中原沦陷的责任者，新学衰微，元祐之学得以风行。元祐之学包括司马光的涑水学、三苏的蜀学、二程的洛学等，但因为司马光去世早，程颐禄位不显，在元祐时代实际上执学术思想牛耳的是苏氏兄弟的蜀学。南渡以后，爆发力最强的也是潜伏已久的蜀学。宋孝宗《苏文忠公赠太师制》中就有这样的句子："人传元祐之学，家有眉山之书。"而洛学那时还远不如苏学那样被普遍地接受。

只是后来朱熹崛起，才使二程之学勃兴，经过朱熹的尊程贬苏，历史才被改写。《苏轼评传》说："哲学史上那一段属于苏学的时代，被所谓'集大成'者抹去了。真实的历史应该是：欧阳修以后，流行'新学'，其对立面为'元祐之学'，南渡以后压过了'新学'；而在'元祐之学'中，先是以苏学为主，经过一个世纪有余，才转变到程朱理学为正统。"

同时，还要看到，新学和理学先后的统治地位，都是由政府钦定的，自然也有一种倾向，即自命为唯一的真理。在这两种钦定唯一正确的学说交替的过程中，官方意识形态变得模糊，苏学得以有更大影响。苏学由于非政府钦定，也就没有强人就己的独断倾向。《苏轼评传》说："它的盛行是放开了学术禁锢后自然的结果，本身没有形成新的禁锢，只是在新的禁锢形成之前，像两座大山之间冒出的清泉那样，为人们畅饮。因此，苏学永远跟一种自由的学术精神相关联……它是在比较自由的学术思潮中产生过的一家之学，并曾在学术禁锢松弛的一段历史时期内主导过学术界，在后世亦被举为反对学术专制的旗帜；它继承欧阳修，与'新学'对立，与二程理学同属'元祐之学'，足以与之分庭抗礼，并实盛行在前。在韩愈以后兴起的唐宋诸家'道学'之林中，苏学占有很重要的一席。"

道：庄子得吾心矣

前文早已提到，苏轼早年就对《庄子》别有会心，浸淫颇深，所谓"吾昔有见于中，口未能言，今见《庄子》，得吾心矣"。苏轼后来写过一篇《广成子解》，是对《庄子·在宥》中黄帝问道于广成子一段的注解。现收入《苏轼文集》卷六。而苏辙则撰有《道德经解》。道家对苏氏兄弟的影响毋庸置疑。

广成子对黄帝"吾语汝至道"说："天地有官，阴阳有藏。"《广成子解》中针对这一条，予以阐解："广成子以窈冥昏默立长生之本，以无思无为无欲去长生之害，又以至阴至阳坚凝之，吾事足于此矣。天地有官，自为我治之，阴阳有藏，自为我蓄之。为之者在我，成之者在彼。"这是对道家思想核心很到位的理解。无思无为无欲，也就达到了窈冥昏默之境界，也就可以无死无灭。道家后来演变为道教，种种外丹内丹的修行方术，都是从这一基点衍化发展的。

道家是学术，道教是宗教，二者有分有合。苏轼后来对道教也颇有研究，这在他的诗文中都有痕迹。凤翔府签判时期苏轼还很年轻，就写有《读道藏》诗，那是阅读收藏于终南县上清太平宫中的御赐藏书："嗟余亦何幸，偶此琳宫居。宫中复何有？戢戢千函书。盛以丹锦囊，冒以青霞裾。王乔掌关籥，蚩尤守其庐。乘闲窃掀搅，涉猎岂暇徐。至人悟一言，道集由中虚。心闲反自照，皎皎如芙蕖。千岁厌世去，此言乃籧篨。人皆忽其身，治之用土苴。何暇及天下，幽忧吾未除。"

《庄子·人间世》中有："惟道集虚，虚者，心斋也。"这就是所谓"至人悟一言，道集由中虚"。而针对"心闲反自照，皎皎如芙蕖"，前人注解说："道家存想法，当想心如未开莲花。"《庄子·让王》篇有："道之真以治其身，其土苴以治天下。""尧以天下让子州支父。子州支父曰：'我适有幽忧之病，方且治之，未暇治天下也。"这是《读道藏》最后四句的出典。苏轼《读道藏》，全用《庄子》典，可见其会心处不在远也。

苏轼与道士常有交往，如《赤壁赋》中写到的那位和苏轼对话的"客"是一个姓杨的道士，诗文则有《送蹇道士归庐山》《赠梁道人》《清都谢道士真赞》《醴泉观真靖崇教大师真赞》《光道人真赞》《书陆道士诗》等。有一首《书〈黄庭内景经〉尾》诗，其小序曰："余既书《黄庭内景经》，以赠葆光道师。而龙眠居士复为作经相其前，而画余二人像其后。笔势隽妙，遂为希（稀）世之宝。"道家的逍遥风姿，道教的宗教风神，书画的艺术风韵，全融为一体了。类似的还有《李伯时作老子新沐图，遗道士蹇拱辰，赵郡苏某见而赞之》，这一次苏轼写了一篇四言句为主的赞偈："老聃新沐，晞发于庭。其心淡然，若忘其形。夫子与回，见之而惊。入而问之，强使自名。曰：岂有已哉，夫人皆然。惟役于人，而丧其天。其人苟忘，其天则全。四肢百骸，孰为吾缠？死生终始，孰为吾迁？彼赫赫者，将为吾温。彼肃肃者，将为吾寒。一温一寒交，而万物生焉，物皆赖之，而况吾身乎？温为吾和，寒为吾坚，忽乎不知，而更千万年。葆光志之，夫非养生之根乎？"

这篇赞偈其实就是演绎《庄子·养生主》里的故事，弘扬老庄的思想。老庄，特别是庄子，确实融化在苏轼的血脉筋骨之中，这深深地影响着他的人生观、艺术观。他在生活中的旷达超脱，他在艺术上的传神写意，他对荣辱穷通的随遇而安，可以说都体现着庄子的魂魄，核心就是审美的人生态度——"与造物者游"之诗意的栖居。

苏轼还认真地实践过道教炼养一类修行方术，《苏轼文集》中便有《阳丹阴炼》《阴丹阳炼》一类杂记。如有一篇《大还丹诀》，其中提出："凡物皆有英华，轶于形器之外。为人所喜者，皆其华也，形自若也。而不见可喜，其华亡也。故凡作而为声，发而为光，流而为味，蓄而为力，浮而为膏者，皆其华也。吾有了然常知者存乎其内，而不物于物，则此六华者，苟与吾接，必为吾所取。非取之也，此了然常知者与是六华者盖尝合而生我矣。"

《苏轼评传》发挥说："这一段话是讲道教丹诀的，内丹理论与两宋道学简直是孪生兄弟，血脉相通，苏轼的哲学思想受道教的影响便极大……从人类理性所探索的'造化之秘'，到享之不尽的'美'的宝藏，苏轼显然赋予了'道'以'美'的内涵。'道'之所以与'美'不二，是可以从'全'找到理解的钥匙的。'全'是存在的完整性，包括时间上的永恒性和空间上的无限性。'道'是'全'的，是永

189

恒的、无限的、完整的，所以是'美'。那么，把握'美'也等于要把握'全'，这种把握才合乎'道'。……苏轼将此境界表达为'与造物者游'。这'与造物者游'一语乃是苏轼全部文艺创作的关键……实际上，这只是一个人生态度的问题，就是一个人能否不固执私见，不胶着物欲，而循理行事。苏轼说：'循万物之理，无往而不自得，谓之顺。'又曰：'君子之顺，岂有他哉？循理无私而已。'无私顺理的人生态度，就是一种'道心'，坚持这样的态度，'道'便不求而自致。在苏轼看来，这也是审美的态度，它伴随着'乐'。即审美的愉悦，而所谓'无往而不自得'者，就是自由，就是'性命自得'。"

前面各章节中所涉及的苏轼的诗、词、文、赋、书法、绘画，乃至人生遭遇的种种"逸与真"和"达与美"，在此都可以得到思想理论上的诠释和领悟了。

佛：空故纳万境

蜀学的基本特征，历代多有论述，基本认为是会通道、佛、纵横等诸家，而以儒为本。朱熹评论苏氏之学"早拾苏（秦）张（仪）之余绪，晚醉佛老之糟粕"；全祖望也说"苏氏出于纵横之学而亦杂于禅"。

佛禅，也是苏轼重要的思想文化资源。苏氏父子与佛教的关系显然比与道教深。程夫人就笃信佛教，程夫人和苏洵过世，以及苏轼的妻子王弗、王闰之和妾朝云先后病故，苏家都曾大做佛事，并捐赠给佛寺很多财物。苏轼与僧人的交往比与道士更多。《苏轼文集》第六十一卷中全是写给和尚的简札，有辩才、南华辩老、通长老、大觉禅师、宝觉禅师、净慈明、径山维琳、圆通觉禅师、祖印禅师、闻复、宝月、南华明、东林广惠禅师、灵隐知和尚、言上人、蜀僧几演、开元明座主、无择、清隐、龟山长老、清凉长老、僧隆贤、福应真大师等，而最为一般读者所知的是道潜和佛印。

道潜，号参寥子，乃离杭州西二百余里的於潜县人，工诗，是中国历史上有名的诗僧。《咸淳临安志》记载："道潜本姓何，幼不茹荤，以童子诵《法华经》为比丘，于内外典无所不窥。"苏轼在元丰元年（1078）在徐州结识参寥，临别时赠给他一首诗《送参寥师》。这首诗相当有名："上人学苦空，百念已灰冷。剑头惟一映，焦谷无新颖。胡为逐吾辈，文字争蔚炳？新诗如玉屑，出语便清警。退之论草书，万事未尝屏。忧愁不平气，一寓笔所骋。颇怪浮屠人，视身如丘井。颓然寄淡泊，谁与发豪猛？细思乃不然，真巧非幻影。欲令诗语妙，无厌空且静。静故了群动，空故纳万境。阅世走人间，观身卧云岭。咸酸杂众好，中有至味永。诗法不相妨，此语更当请。"

韩愈曾写有《送高闲上人序》，称赞张旭的草书："往时张旭善草书，不治他技，喜怒窘穷，忧悲愉怿，怨恨思慕，酣醉无聊不平，有动于心，必于草书焉发之……故旭之书，变动犹鬼神，不可端倪，以此终其身而名后世。"说张旭的草书之所以动人心惊鬼神，乃因为他把自己所见、所闻、所经历的各种世相人情和忧苦不平之气都发泄于书法之中。而苏轼反其意而论诗，突出佛禅的空无之旨，表达了禅和诗之间的互动关系。"欲令诗语妙，无厌空且静。静故了群动，空故纳万境。"这成了千古传诵的名句，是后来严羽等人以禅论诗风气的先声。

禅家的悟性思维本来就和诗的思维十分有缘，后来元好问说"诗为禅客添花锦，禅是诗家切玉刀"，把诗与禅的关系形容得十分贴切。苏轼走访过许多佛寺，对佛典也深入阅读过，以他的天才和学养，自然更容易碰撞出灵感的火花了。他在《虔州崇庆禅院新经藏记》中融合庄禅，引申到艺术创造的奥秘："如来得阿耨多罗三藐三菩提，曰'以无所得故而得'。舍利弗得阿罗汉道，亦曰'以无所得故而得'。如来与舍利弗若是同乎？曰：何独舍利弗，至于百工贱技，承蜩意钩，履狶画墁，未有不同者也。论道之大小，虽至于大菩萨，其视如来，犹若天渊然，及其以无所得故而得，则承蜩意钩、履狶画墁，未有不与如来同者也……口必至于忘声而后能言，手必至于忘笔而后能书……口不能忘声，则语言难于属文；手不能忘笔，则字画难于刻雕。及其相忘之至也，则形容心术，酬酢万物之变，忽然而不自知也。自不能者而观之，其神智妙达，不既超然与如来同乎？故《金刚经》曰：'一切贤圣，皆以无为法，而有差别。'以是为技，则技疑神；以是为道，则道疑圣。"

苏轼自徐州结识参寥子后，二人保持了一生的友谊。今存苏轼致参寥书简二十一封，从徐州到海南遇赦北归，堪称死友也。下面录黄州简与惠州简各一封，既可见二人交谊之真挚，亦可窥知苏轼受佛法陶冶之阔而达之胸襟也：

> 某启。去岁仓卒离湖，亦以不一别太虚、参寥为恨。留语与僧官，不识能道否？到黄已半年，朋游稀少，思念二公不去心。懒且无便，故不奉书。远承差人致问，殷勤累幅，所以开谕奖勉者至矣。仆罪大责轻，谪居以来，杜门念咎而已。平生亲识，亦断往还，理故宜尔。而释、老数公，乃复千里致问，情义之厚，有加于平日，以此知道德高风，果在世外也。见寄数诗及近编诗集，详味，洒然如接清颜听软语也。此已焚笔砚，断作诗，故无缘属和，然时复一开以慰孤疾，幸甚！幸甚！笔

力愈老健清熟，过于向之所见，此于至道，殊不相妨，何为废之耶？当更磨揉以追配彭泽。未间，自爱。不宣。

（黄州简）

某启。专人远来，辱手书，并示近诗，如获一笑之乐，数日喜慰忘味也。某到贬所半年，凡百粗遣，更不能细说。大略只似灵隐天竺和尚退院后，却住一个小村院子，折足铛中，罨糙米饭吃，便过一生也得。其余，瘴疠病人。北方何尝不病，是病皆死得人，何必瘴气。但苦无医药。京师国医手里死汉犹多。参寥闻此一笑，当不复忧我也。故人相知者，即以此语之，余人不足与道也。未会合间，千万为道善爱自重。

（惠州简）

佛印，又名了元，字觉老，也是一位有学有才的高僧大德。据说博览群书，过目不忘，名动朝野，佛印之号还是神宗所赐。苏轼被贬黄州时，佛印就曾寄书信通音问而开始神交。元丰七年苏轼离开黄州后先游庐山，后去筠州见了弟弟苏辙，又接受佛印的邀请重游庐山，参寥也同往，苏轼与佛印一见如故。两位高僧和一位才士，度过了一段心心相印的日子。今存苏轼写给佛印的书简十二封，亦录一封如下：

194

经年不闻法音，径术荒涩，无与锄治。忽领手教累幅，稍觉洒然。仍审比来起居佳胜。行役二年，水陆万里，近方弛担，老病不复往日，而都下人事，十倍于外。吁，可畏也。复欲如去年相对溪上，闻八万四千偈，岂可得哉！南望山门。临书凄断。苦寒，为众珍重。

（翰林时简）

这是苏轼回朝任翰林学士时写给佛印的书简，对于京城中的生活感到厌烦，而向往当年与佛印山中谈禅论道的情景。苏轼的襟抱情怀可见一斑，他的确对"方外"的生涯恋恋不舍。

佛印和苏轼的交往，后世演绎了不少传说。《竹坡诗话》曾记载了一件轶事，说苏轼喜欢吃猪肉，曾经戏作《食猪肉》诗："黄州好猪肉，价钱等粪土。富者不肯吃，贫者不解煮。慢著火，少著水，火候足时他自美。每日起来打一碗，饱得自家君莫管。"这恐怕是民间的再创造，而触媒是苏轼写的一首《戏答佛印》：

远公沽酒饮陶潜，佛印烧猪待子瞻。

采得百花成蜜后，不知辛苦为谁甜。

《苏轼文集》中的佛教赞偈也不少，如《小篆般若心经传》《阿弥陀佛赞》《观音赞》《罗汉赞十六首》《自海南过清远峡宝林寺敬赞禅月所画十八大阿罗汉》等，对佛教的敬仰之诚意卓然可见。录《应梦观音赞》以窥斑知豹：

> 稽首观音，宴坐宝石。忽忽梦中，应我空寂。
>
> 观音不来，我亦不住。水在盆中，月在天上。

苏轼于儒、道、佛三教都有深湛的修为，而以热爱人生和自然，既执着又超脱的一颗盎然活泼的诗心统摄，故其儒学"以古今成败得失为议论之要""以人情解经"；其道学"与造物者游""不固执私见，不胶着物欲，而循理行事"；其佛学"静故了群动，空故纳万境"，实现了儒、道、佛三者的互融互补，成就了一颗光辉熠熠的"中华文曲星"。

如果再作一点理论上的提升，苏轼的成就也就是他的气质性情、人生际遇和诸端文化及艺术之间的"缘起"。张祥龙在《海德格尔与中国天道》中阐发："龙树的《中论》充分地揭示了'缘起'的终极意义……实际上，《中论》是释迦牟尼的微妙中道义与芝诺式的犀利思辨的结合。它反驳的不只是小乘有论和标榜死寂之'空'的理论，而是一切想要通过概念方法来探讨终极问题的思想企图。"苏轼与荷尔德林和海德格尔相通，都是实践"诗意的栖居"而使其人生"存在"特别是艺术、文化及学术活动"充溢着生存境遇的终极深意"。

第 6 章

人情之挚与厚

君师：放他出一头地

《六祖坛经》中有云："佛法在世间，不离世间觉。离世觅菩提，恰如求兔角。"苏轼人生之"诗意栖居"，虽然超脱，却又是充满人情之温暖的。本章再着重从苏轼与君主、同僚、家人、朋友、弟子乃至一切"众生"的交往因缘中作一些补充回顾。

苏轼一生经历五位君主，分别是宋仁宗、英宗、神宗、哲宗和徽宗。

宋仁宗嘉祐元年，苏轼、苏辙兄弟进京参加进士考试高中，第二年又参加礼部侍郎、翰林侍读学士欧阳修主持的礼部考试，接着礼部复试，苏轼得第一，再参加崇政殿由仁宗皇帝亲自主持的策问考试。当时苏轼年方二十二岁，苏辙十九岁，可谓少年英俊，风华正茂。据说殿试结束后，仁宗回后宫高兴地对曹皇后说："朕今天为子孙选拔到两个太平宰相。"但不久苏轼兄弟回乡守母丧三年，到嘉祐五年才重新返京，参加制科考试后赴凤翔府签判任。嘉祐八年三月仁宗驾崩，苏轼还在凤翔府任上。

可以说，苏轼与宋仁宗并无多少接触，但仁宗对苏氏兄弟的激赏之语还是传为佳话，后来起了作用。这就是前已述及的，在乌台诗案时，仁宗的曹皇后曾经追述仁宗的话为苏轼向神宗求情。《苏轼文集》中有《仁宗皇帝御书颂》，是一位大臣后代保存的仁宗遗墨，请苏轼题跋赞美。这种文字自然是"歌功颂德"，但也不能说毫无真实感情，其中有言："于皇仁宗，恭己无为。以天为心，以民为师……天下颂之，以退为进。"

宋英宗在位仅四年，而此时期大部分时间苏轼在故乡为父亲守孝，当免孝还朝时已经是宋神宗即位了。故苏轼与英宗接触极少。《苏轼文集》中也有一篇《英宗皇帝御书颂》，亦是赞美臣子保留的英宗留下的遗墨。

宋徽宗登基那一年，苏轼遇大赦而自海南贬地北返，但几个月后就病故了。苏轼沾了一点新皇帝即位恩泽的光。但在他身后，宋徽宗在蔡京等播弄下，视"元祐党人"为敌，苏轼的诗文被禁止流传，书法碑刻被摧毁，一直延续到北宋灭亡。

与苏轼发生长期直接恩怨的，是宋神宗和宋哲宗两位皇帝。神宗对苏轼既欣赏其才华，又因苏轼不支持变法而疏远他。神宗对苏轼，苏轼对神宗，感情都是矛盾复杂的。元祐年间，苏轼感谢高太后的知遇，高太后则向苏轼透露"国家机密"，说苏轼被重用其实是神宗皇帝的遗旨。这也可能是高太后的一种政治手腕，但神宗对苏轼的惜才爱才之心也是真确的。神宗薨逝后，苏轼在给王定国的书简中说："先帝升遐，天下所共哀慕，而不肖与公，蒙恩尤深，固宜作挽，少陈万一。然有所不敢者尔。必深悉此意。无状坐废，众欲置之死，而先帝独哀之，而今而后，谁复出我于沟渎者。已矣，归耕没齿而已。"说神宗去世后自己将再不可能被起复重用，只能"归耕没齿"以了残生，苏轼对神宗还是心存感激和希冀的。信中又说害怕写哀悼诗文会被政敌借机整治自己，不过后来苏轼还是写了三首《神宗皇帝挽词》，其中最后一首末两句说"余生卧江海，归梦泣嵩邙"，表达的还是神宗死后自己知音难遇的意思。

对苏轼真正赏识并予以提拔重用的是英宗的皇后、神宗的母亲、哲宗的祖母，也就是高太后。她可以说是苏轼命运中的吉星。元祐期间，高太后主政，苏轼可谓风光无限，虽有政敌一再构陷，都被高太后一一否决。苏轼对高太后，自然感恩戴德。高太后崩后，苏轼写《大行太皇太后高氏挽词二首》，其中有"无私乃是天""得疾为勤民"之语，是衷心的赞美。

而哲宗却是苏轼的克星，苏轼虽然给这个小皇帝当过老师，学生却因对祖母的逆反心理而在掌权后把老师一贬再贬。苏轼的诗文集中自然也很难看到对这个学生皇帝的感怀评骘。

苏轼终生感念的两位前辈是张方平和欧阳修。张方平在苏轼幼年时镇守成都，以户部侍郎任益州知州，慧眼识才，曾向朝廷写信推荐苏洵为成都学官，见朝廷迟迟不答复，又劝苏洵进京求职，在他鼓动下，苏洵带领两个儿子于嘉祐元年进京赴考。行前，在成都的张方平又留苏家父子住在州学里，并拈出六道考题，让苏轼和苏辙模拟考试，并暗中观察二人答题时的情况，观察后对苏洵说：你的两个儿子都天资聪颖，大儿子更为敏捷，但小儿子更谨慎，将来的成就可能在哥哥之上。这当然是指仕途业绩，后来苏辙确比苏轼官位更高更显达。张方平爱才若渴，还破例给与自己意见不合的翰林学士欧阳修写了一封推荐信，请他向朝廷荐贤。张方平一生刚直，在苏轼遭遇乌台诗案时，他已经退休，却竭力营救。

苏轼一生拒绝"谀墓"，即不给人写墓志铭，因为这类文字必然只能夸张褒赞，不能据实写真。元祐六年十二月张方平去世后，苏轼不仅为其写了墓志铭，还写了祭文三篇。墓志铭缕述张一生的事功业绩道德文章，极其详尽。在第二篇祭文中，这样表白："轼于天下，未尝志墓。独铭五人，皆盛德故。伟欤我公，实浮于声。知公者天，宁俟此铭。今公永归，我留淮海。寓辞千里，濡袂有濡。"可见苏轼对张方平感佩之深。

欧阳修是苏轼、苏辙参加礼部考试时的主考官，按过去官场规矩，算是苏氏兄弟的座师。苏轼的科名，可以说是在欧阳修一手栽培下开始的。礼部考试时，欧阳修就认为苏轼的卷子答得最好，想取为第一，但因为糊名，怀疑是自己的门生曾巩所为，为避嫌而取为第二。在"春秋对义"考试时苏轼又被取为第一。苏轼、苏辙的古文笔法，正与欧阳修当时想革除雕琢浮华文风的想法相符，因此大力表彰，却遭到了受当时文坛赞誉的一些考生嫉恨，发榜后舆论大哗，一些人甚至等在欧阳修上朝的路上，对他诋毁辱骂，还写了祭文扔到欧阳修家中，诅咒他不得好死。

欧阳修是真正看好苏轼，在给友人的书信中毫不遮掩地说："读轼书，不觉汗出，快哉！快哉！老夫当避路，放他出一头地也。可喜！可喜！"作为当时的文坛宗主，欧阳修已经看出来，苏轼未来的文坛地位将超过自己。《苏轼文集》中有《祭欧阳文忠公文》和《祭欧阳文忠公夫人文》，后者中有这样的词句："轼自龆龀，以学为嬉。童子何知，谓公我师。昼诵其文，夜梦见之。十有五年，乃克见公。公为拊掌，欢笑改容。此我辈人，余子莫群。我老将休，付子斯文。"苏轼自承很小时就熟读欧文，衷心崇拜，而欧阳修也很早就把苏轼认定为自己的接班人。

此外，作为苏轼的先辈师友，还有范镇和张先。范镇也是苏轼应进士考试时的试官之一，熙宁三年曾推荐苏轼为谏官，在乌台诗案时，也曾奋力上书营救。苏轼流放黄州时，一度误传已死，范镇闻知后放声大哭，并准备立刻让家人去吊丧，家人劝他先弄清消息真伪，范镇派人前往才知真相，苏轼大笑。范镇曾三次致仕，苏轼都写信祝贺，表示两人不同寻常的互相知情解意。范镇故去后，苏轼也破例为其写了墓志铭。

张先是著名词人，有"云破月来花弄影"等名句流传，时人号为"张三影"，但仕途蹭蹬，沉抑下僚。苏轼于熙宁四年在杭州通判任上与之结识，时年张先已八十二岁，而苏轼方三十六岁。二人为忘年之交，关系非同一般。张先八十多岁还纳妾，苏轼作诗调侃"锦里先生自笑狂，莫欺九尺鬓眉苍。诗人老去莺莺在，公子归来燕燕忙"。苏轼在词的创作上颇受张先的影响，熙宁六年填词十阕，熙宁七年填词四十六阕，而此前则很少填词，这无疑是认识张先后受到濡染所致。

此外如司马光和韩琦都是苏轼的前辈，但政见时合时不合，不过是君子之交，并不因为曾有意见不合就互相敌视。司马光去世后，苏轼作祭文、行状、神道碑，给予很高评价。韩琦虽然曾阻挠神宗任命苏轼任要职，苏轼并不怨恨而认为是"君子爱人以德"。苏洵去世，韩琦和欧阳修都赠以丰厚的赙金，虽苏家谢绝，却可见其关系之君子风。苏轼还写有《醉白堂记》，对韩琦的功德予以褒扬。苏轼出任定州时，因韩琦曾治定州，苏轼下车伊始就去阅古堂拜祭这位先贤，表示崇敬缅怀。

僚友：此心安处是吾乡

苏轼一生宦海浮沉，在朝堂、在地方，都遭遇过各种各样的上司、同僚，有志同道合的同志，也有势同水火的政敌。检阅苏轼的诗集和文集，有相当一部分是写各种不同场合与同僚的交往、聚会、游历等活动，或对政敌攻击的反驳。此外还有许多平民朋友。

苏轼与自己初登仕途时的顶头上司凤翔府知府陈希亮之间，发生过不愉快。因苏轼与陈希亮之子陈慥成为好友，与陈希亮的一些芥蒂也就都从好的方面去理解了。后来苏轼应陈慥之请为陈希亮作传，皆为好评。

而王安石，也是早期虽为政敌，而到晚年则成为良友，互相唱和，甚至要卜邻而居，劫波度尽，相逢一笑泯恩仇。这是两位大政治家和大文学家胸襟博大、人品磊落的表现。

苏轼平生结交满天下，其患难之交和知音好友如文同、陈慥、张方平的女婿王巩（王定国）、神宗妹婿驸马王诜，以及僧人道潜和佛印等，前文都有所涉及。其中王巩出身于"三槐王氏"的衣冠望族，由于张方平的关系，很早就与苏轼结交，此后交往密切，今存苏轼致王巩书简多达四十余封，从黄州到惠州，贯穿一生。在乌台诗案中，王巩受牵连被罚去边远的宾州任盐酒税务的小官，但仍常与黄州的苏轼互通音问，彼此关心。苏轼在给王巩的信中抱歉地说："缘我得罪，而定国为某所累尤深，流落荒服，亲爱隔阔。每念及此，觉心肺间便有汤火芒刺。"元祐年间都被起复回朝，而到绍圣元年（1094），苏轼被贬惠州，后来王巩也被贬全州（今广西全州），可谓同进同退。最后遇赦，二人都得以北返，不过苏轼很快病逝，未能与王巩重新见面。

元祐元年（1086），当苏轼与王巩从第一次劫难中脱身，回到汴京再聚首时，苏轼见王巩神采奕奕，丝毫不像长期被贬谪之人，连陪伴他南迁的侍妾宇文柔奴也不见风尘的痕迹。苏轼有点惊奇地问宇文柔奴岭南风土好不好，这位姑娘平静地回答说："此心安处，即是吾乡。"苏轼十分感动，当即填了一阕《定风波》词送给王巩和宇文柔奴：

> 常美人间琢玉郎，天应乞与点酥娘。自作清歌
> 传皓齿，风起，雪飞炎海变清凉。

> 万里归来年愈少，微笑，笑时犹带岭梅香。试
> 问岭南应不好？却道：此心安处是吾乡。

还有一位苏轼年轻时就结识的同年章惇，先友后敌，对苏轼打击甚烈，而苏轼最终却以德报怨。章惇与苏轼在嘉祐二年一起进士及第，章惇二十三岁，比苏轼年长一岁。嘉祐七年，苏轼任凤翔府节度判官，章惇任商洛（今陕西丹凤西北）县令。这年秋天，两人又一同赴长安办理公事，时任永兴军安抚使的刘敞对这两位后起之秀都很看重。

章惇和苏轼当时相处很好。宋代陈鹄撰《西塘集耆旧续闻》卷四记载："子厚（章惇）为商州推官，时子瞻为凤翔幕签，因差试官开院，同途小饮山寺。闻报有虎者，二人酒狂，因勒马同往观之。去虎数十步外，马惊不敢前。子瞻云：'马犹如此，著甚来由。'乃转去。子厚独鞭马向前去，曰：'我自有道理。'既近，取铜沙锣于石上颠响，虎即惊

宷，归谓子瞻曰：'子定不如我。'"这则轶事表明，章惇是一个敢于冒险孤注一掷的人，也意味着缺少宅心仁厚的仁者不忍之心。另一则轶事见于《宋史》，同样说明了这一点："与苏轼游南山，抵仙游潭。潭下临绝壁万仞，横木其上。惇揖轼书壁，轼惧不敢书。惇平步过之，垂索挽树，摄衣而下，以漆墨濡笔，大书石壁曰：'苏轼章惇来。'既还，神形不动。轼拊其背曰：'君他日必能杀人。'惇曰：'何也?'轼曰：'能自判命者能杀人也。'惇大笑。"面对悬崖峭壁，苏轼不敢在壁上写字留题，章惇则能做到脸不变色心不跳，与面对老虎而从容不迫的情形一样，说明他有不怕死的坚忍气质，但苏轼却由此看出章惇的残忍本性。坚忍与残忍都是"忍"，有时也就一步之差，连自己的生命都不放在心上，杀起人来当然也不会手软。

苏轼和章惇长期以来关系不错，虽然章属于新党，苏属于旧党，但并未交恶。乌台诗案时章惇还上书营救苏轼。当"三旨相公"王珪向神宗诬解苏轼咏桧树诗"世间惟有蛰龙知"是影射皇帝时，章惇在旁边说龙不一定指人君，臣子也可称龙，退朝后并指责王珪要倾覆苏轼家族。故而苏轼被贬黄州，章惇虽官至参知政事，苏轼仍给章惇写信，闲话家常，俨然知己。

可是，经过了元祐时期苏轼走红而章惇下野，到了绍圣元年，哲宗亲政，新党再度复辟，章惇做了宰相，就表现出了他残忍的一面。章惇主持对旧党人物实施报复，赶尽杀绝，甚至奏请哲宗对司马光等掘墓毁棺，并企图把高太后的灵位逐出宗庙。苏轼初贬英州，再贬惠州，终贬海南，可见章惇的狠手。据说苏轼从惠州再贬海南，是因为绍圣四年初春，苏轼白鹤峰下新居刚落成，心情愉快，在嘉祐寺中春眠不觉晓，作诗有云"报道先生春睡美，道人轻打五更钟"，传到汴京，章惇看后说苏子瞻还这样快活吗？立即命令把他再贬儋州。章惇之所以如此绝情，是因为苏轼名声太大，又给哲宗当过讲读官，对自己的相位仍然是潜在的危险对手，一定要置之死地而后快。

天道好还，当哲宗去世而徽宗登基，据说因章惇曾主张另立国君，为徽宗所忌而罢相，不久又被远贬雷州。而遇赦北归的苏轼听说后，却不念旧恶，写信给章惇的外甥黄寔，告知雷州没有瘴疠，苏辙在那里住了一年也并未患病，请他转告章惇老母不必担心。此时苏轼将拜相的传言日盛，章惇的幼子章援害怕苏轼得势后报复父亲，就以自己进士及第时座主是苏轼为由，写信给苏轼拉关系，觍颜向苏轼为父亲求情。苏轼的回信十分坦然大度而且亲切："某与丞相（指章惇）定交四十余年，虽中间出处稍异，交情固无所增损也。闻其高年，寄迹海隅，此怀可知。但以往者，更说何益，惟论其未然者而已。主上至仁至信，草木豚鱼所知也。建中靖国之意，可恃以安。又海康风土不甚恶，寒热皆适中。舶到时，四方物多有，若昆仲先于闽客、广州准备，备家常要用药百千去，自治之余，亦可以及邻里乡党。又丞相知养内外丹久矣，所以未成者，正坐大用故也。今兹闲放，正宜成此。然只可自内养丹，切不可服外物也。某在海外，曾作《续养生论》一首，甚欲写寄，病困未能。到毗陵，定叠检获，当录呈也。"

这哪里是写给一个曾不遗余力迫害过自己的人之子的信，完全是对一个多年老友的关心，既从心情上予以宽慰，又详细介绍放逐地方的情况和自己流放取得的生活经验，体贴周到，还要把自己多年积累的养生论送给对方。不知当章惇读到此信后，是否对自己过去给苏轼造成的伤害有所愧疚？

苏轼的门人弟子众多，有所谓"苏门四学士""苏门六君子"等名目，其实没有被纳入其中的还有不少。无论"四学士"还是"六君子"，名列第一的都是黄庭坚。

苏轼和黄庭坚二人在诗歌史上并称"苏黄"，在书法上又是"苏黄米蔡"中的前两名，关系为师友之间。元丰元年（1078）二人定交，元祐年间二人都在汴京，相聚四年，诗词书画，唱和交游，度过了一段相知相慰的日子。绍圣元年七月，被贬惠州的苏轼途经鄱阳湖边的湖口（今江西湖口），遇到前往开封等候勘问的黄庭坚，二人又在险恶的政治气氛里相聚三日，从此南辕北辙，再无相会之时，但鱼雁不断。今存苏轼惠州时致黄庭坚简札有云："方惠州遣人致所惠书，承中途相见，尊候甚安。……隔绝，书问难继，惟倍祝保爱。"而当元符三年苏轼渡海北归，自己还在戎州（今四川宜宾）贬所的黄庭坚听到消息后，兴奋异常，写下了《东坡先生真赞三首》。

黄庭坚在苏轼去世后，仅担任过太平州知州九天，就被免职，后又被仇家陷害，流放到宜州（今广西宜山）。作为罪官，不准他租用寺院和民房，只能栖身于戍楼（城门楼）中，"上雨旁风，市声喧聒"，最后死在戍楼。但作为"江西诗派"的领袖和著名词人、书法家，黄庭坚是垂名青史了。

秦观是北宋颇负盛名的词人，但家境贫苦，身体多病，一生遭遇坎坷。明朝的说话（说书）人附会出《苏小妹三难新郎》的故事，当然是子虚乌有，但可见秦观和苏轼的关系十分亲密，才会有此传说。苏秦二人早已互相仰慕，但直到元丰元年苏轼在徐州任职时才见到秦观。次年苏轼调任湖州，在高邮又遇见秦观，带他一起去湖州，二人一路游览惠山、松江，吟诗唱和。到湖州后又游览名胜，相聚多日，秦观才离开，两个月后苏轼就遭遇乌台诗案了。苏轼在黄州时，秦观不仅致书问候，还曾亲自前往探望。

元祐年间，秦观在京先后任宣教郎、秘书省正字，与苏轼一度欢聚。到了绍圣元年，苏轼被远贬惠州，秦观出为杭州通判，两年后也被贬谪，最后到雷州，而苏轼已渡海去了儋州。秦观那阕著名的《千秋岁》词，就是表达自己被贬后的痛苦，其中的名句是"春去也，飞红万点愁如海"。

秦观感情丰富而性格脆弱，元符三年（1100）六月，北归的苏轼在雷州见到了秦观，秦观让苏轼看新写的自挽词。苏轼拍着秦观的肩背安慰他说：我一直担忧你参不破生死大道，现在不再担心了。我也给自己写了墓志铭，只是不让我儿子知道，而让从者保存着。没想到，一个多月后，秦观就在滕州去世了。苏轼悲痛万分，写下了《书秦少游挽词后》："庚辰岁六月二十五日，予与少游相别于海康，意色自若，与平日不少异。但自作挽词一篇，人或怪之。予以谓少游齐生死，了物我，戏出此语，无足怪者。已而北归，至滕州，以八月十二日卒于光化亭上。呜呼！岂亦自知当然者耶？"

苏门弟子还有张耒、晁补之、陈师道、李廌、李之仪、李格非等，都是在文学艺术和学术文化方面卓有成就的人。他们与苏轼惺惺相惜，每个人都有许多动人的故事。

210

家人：不思量，自难忘

苏轼的家世父母，在开头的章节中都已经有所记述。苏洵和程氏夫人都对苏轼的成长产生了不可忽视的影响，而弟弟苏辙更是苏轼一生的"难兄难弟"，兄弟二人的诗文集中都留下了大量唱和诗词和来往文墨。当苏轼两次遭贬时，苏辙上书营救，负责安排嫂子和侄儿的生活，对苏轼帮助极大。苏轼临终时最大的遗憾，是未能与苏辙再见一面，在病榻上对友人说："惟吾子由，自再贬及归，不复一见而诀，此痛难堪！"

苏轼的两妻一妾都先他而去。第一个妻子王弗在十六岁时嫁给了苏轼，苏轼早年赴考时，妻子在家侍奉婆母，后来随苏轼进京，治平二年（1065）五月去世，年方二十七岁。苏洵对苏轼说："妇从汝于艰难，不可忘也。他日汝必葬诸其姑之侧。"让苏轼把王弗灵柩运回眉山和婆母安葬在一起。在凤翔府任时，每当有僚属来客会见苏轼，王弗都躲在屏风后面观察，等来人走后就和丈夫说自己的印象评价，说某人说话总是揣摩你的意思，此人不可靠，某人竭力奉承你表示亲厚，恐怕不能持久，因为这种人结交时过于殷勤，将来绝交时也会很快。后来事实的发展果然验证了王弗的话。

熙宁八年（1075），苏轼于密州任上写下了名传千古的悼念王弗的词《江城子·乙卯正月二十日夜记梦》：

> 十年生死两茫茫。不思量，自难忘。千里孤坟，无处话凄凉。纵使相逢应不识，尘满面，鬓如霜。

> 夜来幽梦忽还乡，小轩窗，正梳妆。相顾无言，惟有泪千行。料得年年肠断处，明月夜，短松冈。

这首词名为"记梦"，仅下半阕前五句为梦中情境，其他则都是发自肺腑的感情抒发，现实与梦幻，阳世与阴间，感慨与深情，打成了一片，这是用泪水写下的衷诚挚感，不假雕饰而真情发露，充分表达了苏轼与王弗的一世情缘。

王弗去世两年多后，苏轼父丧期满，续娶王弗的堂妹王闰之。王闰之随苏轼宦海浮沉，辗转于汴京、杭州、密州、徐州、湖州、黄州、颍州等地，主持家务，相夫教子，特别是遭遇乌台诗案时，备受惊吓，与苏轼可谓患难夫妻。《后赤壁赋》中说："已而叹曰：'有客无酒，有酒无肴，月白风清，如此良夜何？'……归而谋诸妇。妇曰：'我有斗酒，藏之久矣，以待子不时之需。'于是携酒与鱼，复游于赤壁之下。"这位"以备子不时之需"的"妇"就是王闰之。

王闰之于元祐八年（1093）逝于汴京，年四十六岁。那正是苏轼受高太后重用而春风得意的时期，她没有再经受后来苏轼贬谪惠州、儋州的颠沛流离，而且被朝廷追封为"同安郡君"。苏轼在《祭亡妻同安郡君文》中深情地说："妇职既修，母仪甚敦。三子如一，爱出于天。从我南行，菽水欣然。汤沐两郡，喜不见颜。我曰归哉，行返丘园……惟有同穴，尚蹈此言。"说王闰之对前妻之子和自己亲生之子一视同仁，对丈夫的或荣或贬都泰然处之，自己只有将来和妻子"死则同穴"而作报答吧。王弗归葬眉山，朝云留在惠州，的确也只有王闰之与苏轼安葬在了一起。

绍圣五年（1098）苏轼在海南过元宵节，儿子苏过去赴当地官员的宴会，苏轼一人在家独坐，凄然赋诗，有句曰："灯花结尽吾犹梦，香篆消时汝欲归。搔首凄凉十年事，传柑归遗满朝衣。"前两句说等候儿子归来，后两句则想到了五年前去世的妻子。苏轼做翰林学士时，有《上元侍宴》诗，其中有句"犹有传柑遗细君"，《汉书·东方朔传》有："归遗细君，又何仁也！"细君是东方朔妻子的名字，后来就作为妻子的代称。故"传柑归遗满朝衣"是回忆当年参加皇家庆祝元宵节的宴会，自己把宴会上的美柑带回家给妻子吃的往事。

熙宁七年（1074），苏轼在杭州通判任上，王闰之买了一个婢女朝云，年仅十二岁，后来成了苏轼的侍妾。这在过去的传统时代，尤其是像苏轼这样的大官僚家庭是常有的事。其实苏轼不仅朝云一个妾，苏轼在惠州所作《朝云诗》的序言中说："予家有数妾，四五年相继辞去，独朝云者，随予南迁。"朝云美丽聪慧，而且理解苏轼的思想性格。一则广为流传的佳话说，在汴京时，苏轼抚摸着自己的肚皮问身边的姬妾，自己肚腹中装有何物，一个姬妾说是文章，另一个说是见识，苏轼都认为没有说到点子上，朝云说："学士一肚皮不合时宜。"苏轼听了大笑，可见朝云是苏轼的红颜知己。后来苏轼远贬惠州，身边只有儿子苏过和朝云陪伴，对于年老的苏轼来说，从衣食起居到精神安慰，朝云的作用都是不可或缺的。朝云在黄州时为苏轼生下一子，乖觉颖异，苏轼喜爱非常，著名的《洗儿戏作》就是为这个孩子写的，可惜不到一岁就夭折了。这对苏轼和朝云是巨大的打击，苏轼曾"作二诗哭之"。这两首诗可以说是苏轼所写最沉重悲哀的作品，丧子之痛，父母之哀，字字血泪，出于衷怀。朝云遭此重创，后来只有写写字，抄抄佛经以寻求寄托，所谓"经卷药炉新活计"。绍圣三年（1096）六月，朝云染病不治亡于惠州。后来苏轼在给友人李端叔的信中说："朝云者，死于惠久矣。别后学书，颇有楷法。亦学佛，颂《六如偈》以绝。葬之惠州栖禅寺，僧作亭覆之，榜曰六如亭。"所谓六如，又称六喻，即佛教以梦、幻、泡、影、露、电，比喻世事之空幻无常。《金刚经》所谓："一切有为法，如梦幻泡影，如露亦如电，应作如是观。"苏轼写有《朝云墓志铭》和《悼朝云》诗等，对朝云表达深切怀念。曹雪芹在《红楼梦》中把朝云列入"正邪二气所赋之人"行列中，与卓文君、红拂、薛涛、崔莺莺并列，是对朝云极高的褒扬。

除了朝云所生而早夭的干儿（**苏遁**），苏轼还有三子。长子苏迈是王弗所生，次子苏迨和三子苏过是王闰之所生。乌台诗案时，苏迈年方二十一岁，陪同父亲赴京，天牢送饭，奔走打探，难能可贵。后来作为长子，倾全力于全家的生存活计，苏轼被贬惠州时，由三子苏过陪同，苏迈则领着全家人在宜兴生活。三年后带领两房家小来到惠州，苏轼再贬海南，苏迈留在惠州照顾全家老小。苏迈诗文书法俱佳，但长期为家庭奔走，并无诗文集传世。由于受苏轼的牵累，只做过几任小官，还常被罢免。苏迈实际上为家庭牺牲了自己，苏轼也很清楚这一点，曾作文给苏迈，其中说："使人谓汝'庸人，实无其能'闻于吾者，乃吾望也。"

二子苏迨自幼体弱多病，据说四岁时还不会走路，长大后不乐仕进，四十二岁时才做了一个小官。三子苏过陪同父亲流放惠州、儋州，在朝云去世后更是独自承担侍奉照顾父亲的责任，对苏轼是极大的安慰。苏轼有一首诗，写苏过在海南"忽出新意，以山芋作玉糁羹，色香味皆奇绝"："香似龙涎仍酽白，味如牛乳更全清。莫将南海金齑脍，轻比东坡玉糁羹。"苏过是受到苏轼直接教导和熏陶时间最长的儿子，苏轼在给友人刘沔的信中说："幼子过，文益奇。在海外孤寂无聊，过时出一篇以见娱，则为数日喜，寝食有味。"苏轼三子中，只有苏过有诗文集行世，名《斜川集》。

在苏轼的家人中，还应该提到乳母任氏和保母（今写作保姆）杨氏。任氏名采莲，跟随苏轼母亲程夫人长达三十五年，苏轼和嫁到程家而夭亡的姐姐都是吃这个任采莲的乳汁长大的。任氏后来又抚养苏轼的三个儿子，跟随苏轼辗转各地，最后病逝于黄州，终年七十二岁。杨氏名金蝉，三十岁时到苏家，作苏辙的保母，六十八岁在徐州逝世。这是两个把毕生都贡献给苏家的平凡女子，苏轼为这两位老人都写有墓志铭，表达敬意。

苏轼的姐姐八娘嫁给舅舅的儿子程之才（字正辅）却不得善终，苏洵因此与程家绝交，程夫人夹在当中，当然十分难堪和痛苦。当苏轼流放惠州时，执政者似乎知道苏家与程家的恩怨，故意于绍圣二年（1095）选派程之才任广南东路提点刑狱，企图让他以旧怨而报复苏轼。但出乎当权者的预料，程之才和苏轼却互相敬重，化解了昔年的过节，程之才利用自己的权力，尽量改善苏轼的处境，而苏轼也借重程的力量和影响，促成了一些利国利民的善政。《苏轼文集》中有苏轼致程之才简札多达七十一封，而《苏轼诗集》中也有多首赠给程之才或互相唱和的诗，如《次韵正辅表兄江行见桃花》《追饯正辅表兄至博罗，赋诗为别》《次和正辅一字韵》《次韵程正辅游碧落洞》《闻正辅表兄将至，以诗迎之》《同正辅表兄游白水山》《与正辅游香积寺》等。"世间谁似老兄弟，笃爱不复相疵瑕。相携行到水穷处，庶几一见留子嗟。"不知程正辅的原诗是怎么写的，只看苏轼诗中的这几句，也很耐人寻味了。

对伯父苏澹和苏涣的子孙，苏轼都尽自己的力量给予帮助，特别是对苏涣的女儿小二娘，自幼就很友爱。小二娘后来嫁给了柳子文，住在润州，柳子文之父本来就与苏轼交好，苏轼在路经润州时，经常去柳家看望，和柳子文小二娘伉俪以及他们的两个儿子都十分亲密。绍圣二年，苏轼在惠州接到讣闻，知道小二娘离世，写下了沉痛的祭文，其中说："万里海涯，百日赴闻。拊棺何在？梦泪濡茵。长号北风，寓此一樽。"林语堂因此在《苏东坡传》中说小二娘是苏轼的初恋对象，苏轼"至死对她柔情万缕"，乃是一种文学家的"过度想象"，学术界早予以考证澄清。

苏轼离开黄州以后，曾在常州物色置买房产。元丰八年（1085）五月，好友邵民瞻替他觅到了一处宅子，他觉得很满意。房主要价五百缗钱，苏轼把自己所有的积蓄倾囊而出，正好够数，于是成交。苏轼选定吉日，全家高兴地搬进新居。晚上，苏轼外出步行赏月，却听到一家茅舍中哭声哀婉。苏轼感到奇怪，推门进去一看，是一个白发老妪在孤灯下独自饮泣。苏轼一细问，才知道原来这个老妪就是自己所买房子的原主人，老妪说那是自己的祖传百年老屋，却因儿子不肖而卖给了别人，因此悲伤落泪。苏轼大惊，立刻把房契在灯下烧掉，把房子还给了老妇人，并没有再提钱的事情，而自己却再无钱另购新居。

这个故事也许有些演绎色彩，但它从一个侧面反映出，苏轼的确有一种"老吾老以及人之老；幼吾幼以及人之幼。天下可运于掌"的大仁者情怀，与"诗意的栖居"一起，是苏轼留给我们的最为宝贵的民族精神财富。

附录

年　谱

1037年1月8日（宋景祐三年十二月十九日）　生于四川眉山纱觳行苏宅。

1054年（至和元年）　娶王弗为妻。

1056年（嘉祐元年）　去汴京应科举考试，以第二名得中。

1057年（嘉祐二年）　参加礼部考试及第，声名大振。母亲程氏去世，奔丧回家。

1059年（嘉祐四年）　服母丧期满，离家赴京。长子苏迈出生。

1060年（嘉祐五年）　寓居怀远驿攻读，准备参加制科考试。

1061年（嘉祐六年）　参加制科阁试、殿试，取为三等，授大理评事、签书凤翔府判官。赴凤翔府签判任。

1065年（治平二年）　凤翔府签判任满还朝。授判登闻鼓院，后召试秘阁，入三等，得直史馆任。王弗去世。

1066年（治平三年） 苏洵在京去世，苏轼、苏辙扶柩回乡。

1068年（熙宁元年） 服父丧期满。续娶王闰之。离乡返京。

1069年（熙宁二年） 还朝，任殿中丞直史馆判官告院。逢宋神宗与王安石变法。

1071年（熙宁四年） 求外任，得通判杭州任，出京抵杭。

1074年（熙宁七年） 朝云入苏家。杭州任满，朝命改任密州知州。离杭赴密。

1076年（熙宁九年） 朝命以祠部员外郎直史馆改任河中府知府。离密州。

1077年（熙宁十年） 苏辙来迎，到陈桥驿（今河南开封北），得朝命改任徐州知州，不准入京。赴徐州任。

1079年（元丰二年） 改任湖州知州。御史李定参奏毁谤新政，被逮入京，遭乌台诗案；十二月结案，以黄州团练副使本州安置，不得签署公事。

1080年（元丰三年） 抵黄州。

1084年（元丰七年） 朝命改移汝州团练副使；年底到泗州，上表求常州居住，获准。

1085年（元丰八年） 得朝命任登州知州。朝命召回京师任礼部郎中。

1086年（元祐元年） 高太后临朝执政，回朝升起居舍人，升中书舍人，旋再升翰林学士，知制诰。

1089年（元祐四年） 以龙图阁学士赴杭州知州任。抵杭。

1091年（元祐六年） 被召入京，任翰林学士承旨，知制诰，兼侍读。以龙图阁学士出颖州知州任。

1092年（元祐七年） 改任扬州知州。八月，召还京城，任兵部尚书、端明殿学士、翰林侍读学士、礼部尚书。

1093年（元祐八年） 王闰之去世。高太后薨。以端明殿学士、翰林侍读学士、礼部尚书衔出任定州知州。

1094年（绍圣元年） 因讥刺先朝罪名贬任英州知州，再责授宁远军节度副使、惠州安置。子苏过与妾朝云随行。

1096年（绍圣三年） 朝云在惠州去世。

1097年（绍圣四年） 再贬琼州别驾，昌化军安置。

1100年（元符三年） 大赦，移廉州，改舒州团练副使，永州安置；行至英州，复朝奉郎，提举成都玉局观。

1101年（建中靖国元年） 抵虔州，后抵真州，发病，止常州；七月二十八日（8月24日）逝于常州。

主 要 著 作

1.《东坡七集》，清光绪宝华庵刻本，1908 年；中华书局《四部备要》本，1928 年；商务印书馆《万有文库》本，1930 年；中国书店，1986 年。

2. 王文诰辑注，孔凡礼点校：《苏轼诗集》，中华书局，1982 年。

3. 茅维纂集，孔凡礼点校：《苏轼文集》，中华书局，1986 年。

4.《东坡乐府》，元延祐七年南阜书堂本，古典文学出版社，1957 年影印。

5. 朱孝臧编年圈点，龙榆生校笺：《东坡乐府笺》，上海商务印书馆，1936 年。

6. 石淮生、唐玲玲笺注：《东坡乐府编年笺注》，华中师范大学出版社，1990 年。

7. 薛瑞生笺证：《东坡诗编年笺证》，三秦出版社，1998 年。

8. 邹同庆、王宗堂校注：《苏轼词编年校注》，中华书局，2002 年。

9. 曾枣庄、舒大刚主编：《三苏全书》，语文出版社，

2001 年。

10.《中国书法全集·苏轼卷》，荣宝斋，1991 年；九州图书出版社，1999 年。

参 考 书 目

1. 林语堂:《苏东坡传》，台北金兰文化出版社，1986 年。

2. 曾枣庄:《苏轼评传》，四川人民出版社，1981 年。

3. 四川大学中文系唐宋文学研究室编:《苏轼资料汇编》，中华书局，1994 年。

4. 孔凡礼:《苏轼年谱》，中华书局，1998 年。

5. 颜邦逸、张晶:《苏轼传》，吉林文史出版社，1998 年。

6. 王水照、崔铭:《苏轼传》，天津人民出版社，2000 年。

7. 王水照、朱刚:《苏轼评传》，南京大学出版社，2004 年。

8. 莫砺锋:《漫话东坡》，凤凰出版集团，2008 年。